Isabelle Bitterli

Wahre Gasthaus Geschichten

Mit Illustrationen von
Werner Nydegger

Inhalt

Gut zu wissen	4
Restaurantplan	6
Perlen einer Stadt	9
Männerchor	15
Oliver	33
Weinprofi	39
Tohuwabohu	45
Kurze Episode	51
Überraschung	53
Oliver ist wieder da	62
Die alte Frau, mein Polizist und ich	67
Viel Wind um nichts	89
Apéritif	98
灵活性	103
Olivers Prinzipien	117
Entschlussfest	121
Poesie der Tonkabohne	129
Paniertes Schnitzel!	131
Vorspeise	139
Oliver hat Hunger1	142

Ein schwerer Fall	145
Oliver und das Geschwätz	154
Zwei kurze Episoden am Tisch	157
Nur keinen Schweizer!	159
Russischer Besuch	171
Kurze Episode an der Türe	177
Hauptgang	178
Ausnahmezustand	183
Hallo, ich bin der Sören	193
Kurze Episode am Telefon	197
Kulturschock	199
Zum Dessert	208
Kleingedrucktes mit Folgen	215
Kurze Episode	219
Ach so.	220
Tipps für die erste Million	222
Hatten Sie einen Schirm?	231
Stille des Nichts	237
Des Rätsels Lösung	240
Danke	242

Gut zu wissen

Wirt, Gastronom, Gastgeber – oder wie auch immer: Es ist ein sonderbarer Beruf. Wir bewegen uns auf einer Bühne und stehen in jeder Situation im Rampenlicht. Dabei soll der Zuschauer oder Gast weder Hektik noch Stress spüren und schon gar nicht von Problemen erfahren, die sich hinter dem Vorhang ereignen können. So kann es sein, dass wir wegen spontaner Ereignisse plötzlich unsere Kulissen verschieben müssen, obwohl die Vorstellung längst begonnen hat. Denn unsere Stücke laufen nicht nach Drehbuch, es handelt sich hier eigentlich um ein Improvisationstheater. Das Einzige, was zählt, egal was geschieht, ist, das Rad am Laufen zu halten und für die Gäste da zu sein. Sich um sie zu kümmern, als wären es Freunde bei uns zu Hause am Küchentisch. Das ist es, was unseren Beruf ausmacht.

Es geht um viel mehr als ums Essen und Trinken, um das „Bedienen". Es geht darum, Menschen eine kurze Zeit in unseren Räumen glücklich zu machen, ihnen Freude zu bereiten, ihre Wünsche zu spüren, ihnen in jeder Situation ein Lächeln zu schenken und sie wenn nötig aus der Patsche zu holen. Dazu braucht es manchmal mehr Menschenkenntnis und Flair für Psychologie als Lebensmittelfachwissen. So sind es denn auch die unbemerkten Vorgänge, die unseren Alltag bereichern, Momente, in denen wir Gutes tun, ohne dass es jemand ahnt. Wir tun zuweilen sogar Gutes, indem wir lügen. Ja, ich habe Gäste angelogen, doch es half manchmal, einen anderen Gast aus einer peinlichen Situation zu retten (z.B. in der Geschichte „Weinprofi"). Ist das sträflich?

Um das Bienenhaus darzustellen, als welches ich unser Restaurant ab und zu bezeichnet habe, musste ich mich dazu entscheiden, Sie, lieber Leser, liebe Leserin, in der einen oder anderen Geschichte nicht zu schonen. Es gibt Episoden, die fast überborden mit Hektik, Stress und Details, die zudem nicht einmal geschichtsrelevant erscheinen. Und doch sind sie es, denn gerade diese Fülle an kleinen Handlungen und Geschehnissen kann einen in aussergewöhnlichen Situationen in den Wahnsinn treiben.

Sie kennen bestimmt das ungeschriebene Gesetz, dass das Telefon immer dann klingelt, wenn Sie gerade in den Keller gehen. Das kennen wir ähnlich auch; ausserordentliche Situationen treffen nur dann ein, wenn wir dazu gerade überhaupt keine Zeit haben. Aber lesen Sie selber und lassen Sie sich überraschen.

Genderhinweis:

Um den Lesefluss nicht zu stören, verzichte ich auf die gleichzeitige Verwendung männlicher und weiblicher Sprachformen. Sämtliche Personenbezeichnungen beziehen sich auf Angehörige beider Geschlechter.

Restaurant-Plan

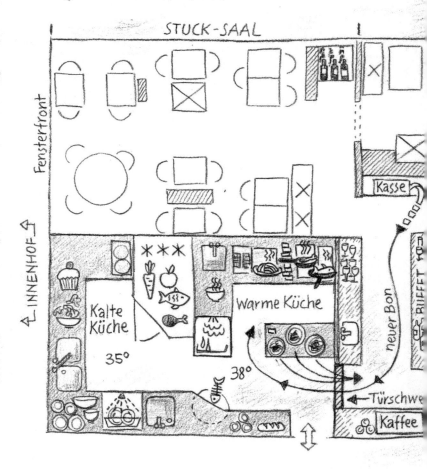

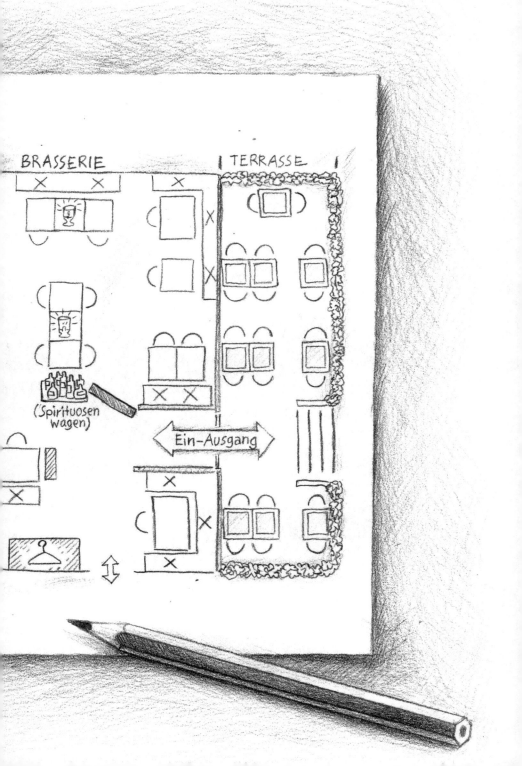

Italien
Alpen
Voralpen
Mittelland
Schoggiduft
Jura

Perlen einer Stadt

Eingebettet zwischen zwei sanften Hügelketten, fast im Herzen der Schweiz, liegt ein Städtchen, das einmal pro Woche nach Schokolade riecht und einmal nach gebackenen Keksen.
Für die Bewohner dieses Städtchens ist das völlig normal. Genauso normal wie das wöchentliche Einkaufen auf dem Gemüsemarkt, wo sie zwischen Traktoren und Marktständen beim Baristameister einen selbst gerösteten Kaffee aus einer selbst gebauten, schicken Kolben-Kaffeemaschine trinken, bevor sie mit dem Fahrrad ihr Gemüse und Obst nach Hause fahren. Sie finden es selbstverständlich, dass sie innerhalb von dreissig Minuten in die Jurahöhen wandern können, um beim Gebimmel der Kuhglocken den Alltag hinter sich zu lassen. Sie finden es auch normal, dass sie alle zwei Jahre die weltweit bekanntesten Pressefotografen neben sich im Café sitzen haben oder eine Handvoll dieser illustren Besucher in der Unterhose im Fluss schwimmen sehen. Die Bewohner dieses Städtchens sind bescheiden, prahlen und protzen nicht, und man könnte fast meinen, sie versteckten absichtlich ihre städtischen Perlen. Erstaunlich, dass sich an diesem Ort einer der bedeutendsten Bahnhöfe des Landes befindet, ausgerechnet hier, wo doch gar keiner wegwill. Und wen es in jungen Jahren doch wegzieht, der kommt früher oder später mit Überzeugung wieder zurück, um zu bleiben und um seinen Kindern genau die Schokoladenkindheit zu bieten, die er einst selber hatte.
Es wurde bisher nirgends erforscht, wie sich ein Mensch entwickelt, der von Kindesbeinen an durch nach Keksen duftende Luft in die Schule schlendert. Doch vielleicht ist gerade dieses unbeachtete Puzzleteil der Grund, weshalb die Menschen hier zufriedener sind als anderswo und infolgedessen landesweit und

zum Teil sogar weltweit erfolgreich Bücher schreiben, schauspielern, Cartoons zeichnen, Fussball spielen, neue Vereine oder Parteien gründen oder Gondeln bauen, die rund um den Globus Menschen auf Berge tragen.

Eine dieser versteckten Perlen ist ein Haus, das im vorletzten Jahrhundert gebaut wurde, als man noch hohe, luftige Räume einer guten Rendite vorzog und sich die Mühe machte, Decken und Balkone aufwendig im Jugendstil zu gestalten. Im selben Jahr, als in einem amerikanischen Sanatorium zum ersten Mal Cornflakes serviert wurden und im Wiener Prater das Riesenrad sich zu drehen begann, öffnete sich die Türe dieses Hauses, und von da an herrschten ohne Unterbruch emsiges Treiben und fröhliches Leben in diesem Gemäuer. Einheimische und Reisende wurden hier verköstigt, es wurde geraucht, politisiert, gelacht und gefeiert. Das Bier wurde in Fässern mit dem Pferd herangekarrt, die Männer trugen alle einen Schnauz, und die Röcke der Frauen hatten noch die Knöchel zu bedecken. Ungeachtet der damaligen Etikette wirtete hier eine Frau namens Hermine, die es wagte, so erzählt man sich, gegen Bezahlung den hauptsächlich männlichen Gästen durch ein Loch in ihrer Bluse ihren Bauchnabel zu zeigen.

Neben Hermines Bauchnabel entdeckten neugierige Männer noch viel Bedeutenderes in dieser Zeit. Der erste Dieselmotor wurde zum Laufen gebracht, der Geigerzähler, das Fliessband und vieles mehr erfunden. Nichts von all dem aber war für dieses Haus so einschneidend wie der Bau der grossen Kirche mit den zwei Türmen und dem Glockengeläut, das meilenweit zu hören war. Ab dann traf man sich in diesem lebhaften Lokal nach der Kirche und begann sofort wieder, das soeben reingewaschene Gewissen von Neuem zu begiessen.

Die Stadt wuchs, mehr Schienen wurden gebaut, die belgische Erfindung von Bakelit bescherte dem Haus ein wunderschön glänzendes, schwarzes Telefon mit der Nummer 214[1]. Industrie siedelte sich an, und Autos, die sogar hier gebaut wurden, began-

---

[1] Nummer 214: Gemäss Historischem Archiv und Bibliothek PTT, Köniz

nen die Kutschen zu verdrängen. Und von all dem profitierte auch das schöne Haus, denn hier gingen diese engagierten Menschen ein und aus, Pläne wurden geschmiedet, im hinteren Saal Verhandlungen geführt und Verträge abgeschlossen. Ab und zu wechselte der Pächter, ein Bild von General Guisan wurde aufgehängt und nach dem Krieg mit Seidenblumen geschmückt, doch im Grunde blieb alles beim Alten. Sogar als der Eifer, Neues zu bauen, vom zerstörten Nachkriegsdeutschland auf unsere hiesigen Architekten überschwappte, hielt sich dieses Schmuckstück wacker im alten und bewährten Mauerkleid.

Immer mehr weibliche Gäste begannen, Hosen zu tragen, die erste Kiste Rivella wurde geliefert, ausgeschenkt und nachbestellt, neue Musik von Jungs mit zu langen Haaren dröhnte aus der Jukebox, und das Städtchen wandelte sich allmählich. Schulen wurden gebaut, Banken und andere Dienstleistungsbetriebe richteten hier ihre Büros ein, und Fabriken wurden geschlossen oder ausgelagert. Dies hatte auch sein Gutes. Zum einen, dass die Luft sauberer wurde und sich deshalb der Nebel, der das Städtchen manchmal fast monatelang einschloss, langsam verzog. Und zweitens konnte sich so der Duft der Schokoladen- und der Biskuitfabrik noch besser verteilen.

Kurz nach der Jahrtausendwende löschte ein Pächterehepaar das Licht und ging nach dreissig Jahren in Pension. Ein junges Paar bewarb sich am selben Tag, und als das Los den beiden zufiel, gab es kein Halten mehr. Das Bakelittelefon wurde durch modernere Technik ersetzt, das Bild von General Guisan wieder abgehängt und viel anderes erneuert. Die Säulen, das Holz, der Charme und das Ambiente jedoch wurden beibehalten. Als die zwei fertig und mit dem Resultat zufrieden waren, konnten sie es kaum erwarten, Teil der Geschichte dieses Hauses zu werden und das fröhliche Leben und emsige Treiben zurück in die Räume zu holen. Ob ihnen dies gelingen würde, wussten sie noch nicht, sie stürzten sich einfach kopfüber in das Abenteuer. Und wie sie die

Schlüssel der Eingangstüre drehten, ging es los. Die Bewohner des Städtchens wollten natürlich wissen, wie das schöne Lokal nun aussah, wer hier neu die Kochlöffel schwang und ob der Geist des Hauses weiterleben würde.

Und sie alle wollten es auf einmal wissen. Die Räume füllten sich auf einen Schlag mit diesen fröhlichen Menschen, lebhaftem Geplauder, interessanten Gesprächen und Gelächter in allen Tonlagen. Die Sonne schien wieder in dem Haus und liess manch einen Gast von Ferien träumen. Die zwei arbeiteten fast Tag und Nacht, ihre Mitarbeiter taten es ihnen gleich, und die ganzen Familien wurden eingespannt, um organisatorische Lücken zu füllen, ihre Kinder zu hüten, Schürzen zu waschen oder Blumen zu pflanzen. Die Gäste waren glücklich und die Räume voller Leben. Das Haus dankte es ihnen mit noch mehr Gästen und vielen Situationen, die wie durch Geisterhand perfekt abliefen. Alles ging auf, jedes Möbel, das spontan angeschafft wurde, passte so haargenau in die dafür vorgesehene Ecke, als würde das Haus seine Mauern exakt auf ihre Bedürfnisse zurechtschieben.

Mit den vielen Gästen kamen auch die Geschichten. Lustige und gar aberwitzige Situationen, unfassbare Gegebenheiten, komplizierte Umstände oder Ereignisse, die nachdenklich machten. Jede Stimmungsnuance wurde tausendfach durchlebt in diesem Haus, und all diese Geschichten wurden gesammelt. In erster Linie in den Herzen aller Beteiligten, aber zur Sicherheit auch auf Papier – das Herz sortiert ja bekanntlich hie und da nach eigenem Gutdünken ein paar Erinnerungen aus. Normalerweise werden Geschichten, die in Restaurants erlebt wurden, von Gästen erzählt. Hier können Sie für einmal die Erlebnisse aus der Perspektive einer Gastronomin erfahren und dabei tief hinter die Kulissen eines Restaurants blicken.

Und falls Ihnen, lieber Leser, liebe Leserin, die eine oder andere Szene zu übertrieben erscheint, so denken Sie stets daran:

Dies sind wahre Geschichten, die sich in einem friedvollen, gemütlichen Städtchen zugetragen haben, in einem Haus, in dem die angenehmsten Gäste ein und aus gehen und man ganz einfach alles dafür gibt, einen guten Job zu machen.

Männerchor

Eine gute Planung kann unangenehme Überraschungen vermeiden. Doch manchmal entstehen unvorhergesehene Situationen, die auch das schönste Lokal in eine Chaosbude verwandeln können. Um den Überblick nicht zu verlieren, helfen kleine Situationspläne, die ich zum besseren Verständnis in den Text eingefügt habe. Betrachten Sie dies als Zugabe, die nach Wunsch auch grosszügig übergangen werden kann.

Wir waren bereit für das erste Bankett in unserem jungfräulichen Restaurant. 30 Mitglieder eines Männerchors wurden im Stucksaal erwartet, und auch vorne in der Brasserie waren wir ausgebucht. Wir konnten zu Recht sagen, jeder Stuhl sei besetzt, denn wir hatten tatsächlich keinen Stuhl zu wenig und auch keinen einzigen zu viel. Bei der Übernahme des Restaurants hatten wir die Stühle des Vorgängers übernommen, neue konnten wir uns noch nicht leisten. Wir mussten uns also trotz Andrang bei den Reservationen nach den vorhandenen Sitzgelegenheiten richten.

Als ich um 18.00 Uhr zur Arbeit kam, war ich überrascht: die ersten Gäste waren bereits da. Ich schaute auf die Reservationsliste: Genau diese Tische waren eigentlich erst auf 20.00 Uhr reserviert. Meine Mitarbeiterin klärte mich auf: „Die vier Personen wollten unbedingt hier essen, sie gehen nachher ins Theater und sind um Viertel vor acht wieder weg. Und die zwei Damen dort wollen ins Kino, auch sie bleiben nicht lange. Ich dachte, das würde schon klappen."

Ich staunte über die Geschäftstüchtigkeit unserer Leute, sah hingegen der Pünktlichkeit unserer Gäste nicht so optimistisch entgegen. „Du bist mutig", sagte ich. „Was, wenn die zweiten Gäste früher kommen?"

„Das werden sie schon nicht", versuchte sie mich zu überzeugen. Ich liebe Optimisten. Mit einem etwas unguten Gefühl im Magen verschaffte ich mir einen Überblick über den bevorstehenden Abend. (Nebst der Namensliste der erwarteten Gäste hatten wir stets einen kleinen Plan vor uns, in dem wir die Tischsituation des jeweiligen Abends einzeichneten, denn diese variierte fast von Tag zu Tag.)

Am Vierertisch beim Fenster (20.00 Uhr, 4 Personen, Müller) sassen nun also schon vier Theatergäste. Und am Fünfertisch (20.00 Uhr, 5 Personen, Walter) sassen zwei Damen, die früh ins Kino wollten. Gut. Ich war gespannt, ob sich alle an ihre Zeiten halten würden.

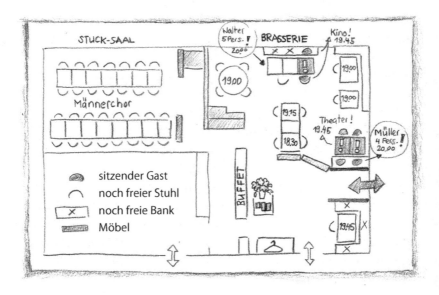

Kaum hatte ich meine Jacke ausgezogen, ging auch schon die Türe auf, und in Einerkolonne marschierten 30 Männer ins Restaurant. Ich war ziemlich verblüfft, denn sie waren fast eine halbe Stunde zu früh. Ich begrüsste alle herzlich: „Grüezi mitenand. Hallo.

Grüezi. Möchten Sie die Jacke abgeben? Danke schön. Willkommen. Guten Abend. Ja, die Jacke können Sie mir geben. Willkommen. Hallo. Die Jacke nehme ich gern. Grüezi. Ja, da lang. Hallo. Einfach mir geben, danke. Grüezi. Guten Abend. Den Schirm? Da rechts, genau. Guten Abend. Hallo. Ja, die Jacke nehme ich Ihnen gern ab. Hallo ..."
Gut, dass der Chef der Gruppe so gross gewachsen war, denn als er als Letzter an mich herantrat, konnte ich hinter dem riesigen Stapel von Jacken gerade noch seinen Kopf erkennen. „Wir sind ein bisschen zu früh, aber Sie sind ja schon da, das macht ja sicher nichts."
„Nein, das ist kein Problem."
„Darf ich Ihnen meine Jacke auch noch geben?"
„Natürlich!"
„Geht das noch?"
„Sicher, kein Problem!"
Eine Mitarbeiterin eilte kurz darauf zu mir: „Du, es sind jetzt 31, nicht 30, es ist noch jemand dazugekommen. Wo haben wir noch einen Stuhl?", fragte sie unbekümmert.
„Nirgends. Wir haben nicht mehr Stühle", sagte ich, versteckt hinter dem Kleiderberg, und suchte in Gedanken das ganze Haus ab. Da lachte sie mich mit ihren grossen Augen ungläubig an. „Wir haben keinen einzigen Stuhl mehr? Das ist ein Witz, oder?"
„Leider nein."
„Und hier vorne? Haben wir hier einen zu viel?", fragte sie.
„Auch nicht. Jeder Stuhl ist besetzt. Ich habe nur noch einen ganz alten, sehr hässlichen, grünen Stuhl im Keller und den Bürostuhl, aber den kann ich ja kaum bringen. Ich hole den grünen, obwohl auch der eine Zumutung ist."
 Sie half mir beim Aufhängen der vielen Jacken, und danach rannte ich los und holte den Stuhl, schrubbte mit Seife und Schwamm notdürftig den Staub der letzten 50 Jahre und unseres Umbaus weg, wobei ein Teil der grünen Farbe abblätterte,

dafür aber an meinen Händen kleben blieb. Im Saal hatten sich bereits alle gesetzt, nur hinten bei den Fenstern stand noch ein Mann ein wenig unbeholfen herum. Wegen des Platzmangels war ich gezwungen, den Stuhl mit gestreckten Armen über den Köpfen der dreissig Männer quer durch den Raum zu tragen. Es gab nur einen Stuhl, den ich wirklich nicht so prominent allen Gästen hätte präsentieren wollen, und das war dieses komische, grüne Holzkonstrukt. Aber alle waren vertieft in Gespräche, keiner nahm von mir Notiz. Es war eine beeindruckende Gruppe. Alles gestandene Herren, gut in Form und gut gelaunt, viele in Manchesterhosen oder Jeans mit Pullover oder Karohemd. Der Lärmpegel war beachtlich und die Stimmung gut. Ich überliess die Gruppe meinen beiden Mitarbeiterinnen, die soeben begonnen hatten, den vorbestellten Weisswein einzuschenken. Im vorderen Teil des Lokals rief die Küche, und das Telefon klingelte stets im falschen Moment. Die Türe ging auf, Gäste kamen herein und wurden platziert. Flaschen wurden entkorkt, Vorspeisen gebracht, leere Gläser abgeräumt. Die Türe ging wieder auf. Es war sieben Uhr.

„Guten Abend, wir haben reserviert für Müller, vier Personen", begrüsste mich der Herr, der soeben eingetreten war, freundlich. Das Befürchtete war eingetroffen. Ich blickte zum Tisch von Müllers, und dort bekamen die vier Theatergäste soeben ihren Hauptgang serviert.

„Guten Abend, Herr Müller. Sie sind ja schon da!", grüsste ich lächelnd. „Haben Sie nicht auf 20 Uhr reserviert?"

„Nein, wir haben auf 19 Uhr reserviert."

„Ach so, es tut mir leid. Das ist wahrscheinlich unser Fehler. Leider ist Ihr Tisch noch nicht bereit, wir haben Sie erst in einer Stunde erwartet. Aber Sie können neben diesen beiden Damen schon mal einen Apéro trinken und in die Karte schauen, bis Ihr Tisch frei ist. Es wird bestimmt nicht mehr lange dauern."

Herr Müller folgte mir zu dem langen Tisch, an dem bereits die beiden Kinofrauen sassen und der eigentlich für die fünf Personen namens Walter reserviert war. Das war natürlich nicht ideal, aber es gab keine andere Möglichkeit. Auf dem Weg dorthin erklärte Herr Müller: „Wir sind erst drei Personen, meine Frau kommt etwas später." Er konnte nicht ahnen, wie sehr mich das freute, denn dort hatten zu diesem Zeitpunkt ohnehin nur drei Personen Platz.

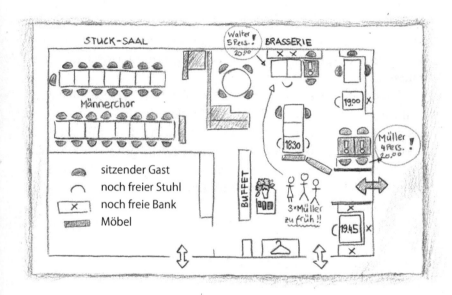

Die Türe ging auf, Gäste kamen herein. Begrüssung, Garderobe, Begleitung an den Tisch. Während ich 14 Biergläser für den Männerchor abzapfte, schaute ich von Weitem den vier Theatergästen beim Essen zu. Vielleicht würde das ihr Tempo ein wenig beschleunigen.

Die Türe ging auf, wieder kamen Gäste herein, und das Telefon schien ununterbrochen zu klingeln. Wie meine Kollegin den soeben getippten Bestellbon von der Kasse nahm, ging ich ans Telefon. Sie gab mir den Bon und eilte an die Tür zu den neuen

Gästen, ich trug ihre Bestellung in die Küche und begrüsste gleichzeitig im Gehen die Person am Telefon. In der Küche war es so laut, dass ich kaum etwas verstehen konnte: „Entschuldigung, ich habe Sie gerade nicht verstanden."
„Guten Abend. Ich möchte gerne für morgen Abend einen Tisch für vier Personen reservieren. Achtzehn Uhr. Vielleicht wird es auch zehn Minuten später, wir kommen mit dem Zug."
In der Küche legte ich den neuen Bestellbon zum Chefposten und rief für die ganze Küchencrew gut hörbar in die Luft: „NEU!", und in den Hörer sagte ich: „Es tut mir sehr leid, morgen Abend sind wir bereits ausgebucht." Das wusste ich, ohne nachschauen zu müssen.
„Ach so. Haben Sie in der Brasserie noch Platz?", fragte mich der Anrufer, als ich wieder zurück beim Buffet war.
„Nein, wir sind komplett ausgebucht, auch in der Brasserie", erklärte ich, den Hörer mit der Schulter eingeklemmt, und öffnete gleichzeitig eine neue Proseccoflasche. Dabei entdeckte ich ein wenig abgeblätterte grüne Farbe auf dem Ärmel meines Blazers.
„Auch hinten, im Saal?"
„Ja. Es tut mir leid, auch im Saal." Ich drehte den Draht des Verschlusses auf.
„Oh. Haben Sie nirgends eine Ecke für uns?"
„Nein, ich habe wirklich keinen Platz mehr." Vorsichtig zog ich den Korken aus der Flasche, damit er mir nicht um die Ohren flog, und erklärte weiter: „Es ist alles voll. Wir haben sogar schon eine Warteliste, die Chancen stehen also relativ schlecht, dass noch etwas frei wird." Ich begann, in zwei Gläser einzuschenken, eines davon schäumte über, und der Prosecco lief mir über die Finger.
„Das ist aber schade."
Mist! „Ja, es tut mir leid."
„Sie haben doch erst eröffnet. Wie ist es möglich, dass Sie bereits ausgebucht sind?"

Ich wischte das Glas und meine Finger ab und schenkte weiter ein. „Vielleicht ist es gerade deshalb."
„Das freut mich für Sie."
„Danke schön. Ich hoffe, es klappt ein anderes Mal." Ich stellte die Flasche zurück in die Kühlschublade, schob diese mit dem Fuss zu und versuchte, den grünen Farbkrümel vom Blazer abzuwischen.
„Ist doch schön, wenn es läuft."
Ich wollte dieses Gespräch endlich beenden. „Ja, natürlich. Also, vielen Dank." Ich stellte die beiden Gläser auf ein Plateau, gab es meiner Kollegin und hob mit der anderen Hand vier Finger in die Höhe, sie verstand und eilte mit den Apéros zu Tisch vier.
„Ich rufe dann nächste Woche wieder an."
„Das ist sehr nett, danke."
„Ich muss mich halt erst wieder mit meinen Gästen besprechen und schauen, wann es passt."
„Das ist wunderbar, dann freuen wir uns."
„Auf Wiederhören und einen schönen Abend."
„Vielen Dank, Ihnen auch. Auf Wiederhören."
Ich legte das Telefon eher unsanft in eine Ecke und rannte in den Keller, um Wein zu holen. Dann ging ich in den Saal, um zu schauen, ob dort alles in Ordnung war. Da war alles so weit gut, das Amuse-Bouche würde bald in der Küche bereit sein.
19.30. Die zwei Kinofrauen hatten den Hauptgang beendet, und ich brachte sofort nach dem Abräumen die Dessertkarte. Auch die vier Theatergäste waren nun endlich fertig und bestellten glücklicherweise auch schon Kaffee und die Rechnung. Mein Herz hüpfte vor Freude. Herr Müller meinte, sie könnten doch auch an diesem Platz bleiben, wenn ich noch einen Stuhl bringen würde – aber das war ja gerade das Problem.

Wir brachten dem Männerchor die Amuse-Bouches, ich begrüsste noch einmal die einunddreissig Mannen, erklärte, was sie gerade erhalten hätten, und wünschte einen guten Appetit und einen gemütlichen Abend, worauf ich einen Applaus von 31 kräftigen Händepaaren erntete. Stimmengemurmel, Besteckgeklimper und weiter im Programm. Vorne tat sich hingegen noch nichts Erfreuliches. Die vier Theatergäste hatten zwar bezahlt, sassen aber gemütlich am Tisch, sie hatten es ja nicht eilig. Eine Kollegin lachte, als sie mich ansah: „Was hast du da auf der Stirn? Du bist da ganz grün!" Ich ging zum Waschbecken und wischte mir mit einem nassen Papiertuch über das Gesicht, ein Stück grüne Farbe fiel ins Becken, dieser grüne Stuhl schien mich zu verfolgen. Hatte ich vorhin so vor den einunddreissig Männerchörlern gestanden?

Die Türe ging auf, eine quirlige Dame kam rein und steuerte so zielstrebig auf die Müllers zu, dass sie mich und meinen Gruss komplett ignorierte. Aha, die Frau Müller war jetzt auch da, einen Stuhl hatte ich aber noch nicht für sie. In diesem Moment erhoben sich endlich die Theatergäste. „Sie gehen!", jauchzte ich innerlich. Während die drei Müller-Gäste im Stehen die Dame begrüssten, verabschiedete ich die vier an der Tür und hörte, wie Müllers nach einem Stuhl fragten.

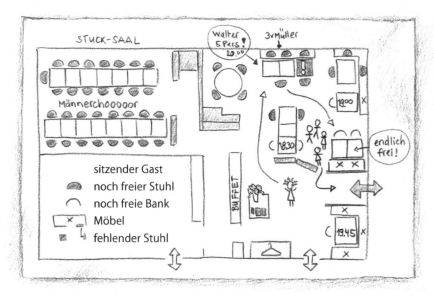

Auf dem Weg zurück zu Müllers wies ich eine Mitarbeiterin an, deren Tisch so schnell wie möglich abzuräumen und neu aufzudecken, und erklärte der Dame, dass sie keinen Stuhl brauchen würde, da der für sie vorgesehene Tisch soeben frei geworden und in zwei Minuten bereit sei. „Wir haben wirklich auf 19.00 Uhr reserviert", bekräftigte Herr Müller noch einmal seine Pünktlichkeit.
„Natürlich, das war bestimmt unser Fehler, es tut mir leid, wir haben das wohl falsch notiert. Ich entschuldige mich für die Umstände. Bitte schön, der Tisch ist schon fast fertig."
Zu einer Mitarbeiterin sagte ich beim Vorbeigehen: „Tisch acht hat gewählt, bitte nimm du die Bestellung auf. Ich kümmere mich um die zwei Kinofrauen, ich muss die da schnellstmöglich weg haben."
„Gut", sagte sie. „Die zwei haben bei mir aber schon Dessert bestellt. Tisch fünf möchte eine Weinempfehlung von dir, hinten kommen gleich die Vorspeisen, und die Küche sollte noch die Anzahl Beilagenschalen für die Gruppe wissen."
„Ok." Das war viel.
„Und ich brauche eine Magnumflasche Barbera, ich habe sie im Keller nicht gefunden."
„Die ist noch in der Holzkiste, ich hole sie", versprach ich.
Die Küche rief, das Telefon klingelte. Die Türe ging auf. Wieso diese drei Dinge immer alle auf ein Mal geschehen, ist mir bis heute ein Rätsel. Alles will sofort erledigt werden: Die Küche ruft, wenn das Essen dort steht und kalt werden könnte (was im Übrigen einer Kriegserklärung an die Küchenmannschaft gleichkommt), das Telefon kann man auch nicht einfach ignorieren, und die Gäste im Eingang wollen nicht ewig dort stehen bleiben. Der Herr, der eingetreten war, steuerte allerdings von selber auf mich zu: „Guten Abend. Ich bräuchte einen Gutschein. Ich komme doch nicht etwa ungelegen?"
„Kein Problem, gern", log ich freundlich.
„Ich habe mir gedacht, dass es wahrscheinlich gerade nicht ideal

ist um diese Zeit, aber ich bin jetzt halt trotzdem hier", entschuldigte er sich.

„Wir haben gerade ein wenig zu tun," erklärte ich, „aber ich bin gleich bei Ihnen."

„Natürlich." Kurz zu warten, schien ihm nichts auszumachen, er bewegte sich ein paar Schritte weg vom Buffet und schaute interessiert um sich.

Ich ging zum Servicetisch, nahm die Speisekarten, die Weinkarten und den Blumenstrauss weg und stellte alles auf das Buffet. Danach wischte ich den Tisch ab, deckte ihn mit zwei Tischsets, Servietten und Dessertbesteck ein und stellte dann den Stuhl vom Tisch beim Eingang dort hin, bevor ich zu den Kinofrauen eilte und fragte: „Entschuldigen Sie bitte, wäre es möglich, dass wir Ihnen das Dessert an einem anderen Tisch servieren? Die Gäste dieses Tisches werden wahrscheinlich gleich eintreffen."

„Natürlich, das ist kein Problem. Wo sollen wir denn hin?"

„Ich habe Ihnen einen kleinen Tisch dort beim Buffet vorbereitet. Wir müssten nur noch den Stuhl mitnehmen."

„Den Stuhl müssen wir mitnehmen?" Sie lachten.

„Ja, gern, wenn es Ihnen nichts ausmacht."

„Kein Problem. Wir bleiben ohnehin nicht mehr lange, wir wollen ja noch ins Kino. Sie sind uns bald los."

„Ach nein, keine Ursache, an diesem Tisch können Sie bleiben, so lange Sie wollen."

„Nein, nein, wir wollen den Film auf jeden Fall sehen! Aber es ist gerade so gemütlich."

Sie waren sehr unkompliziert, packten ihr Mineralwasser und gingen zum Tisch, den ich ihnen angewiesen hatte. Der Mann, der auf seinen Gutschein wartete, bewunderte verträumt das Lokal und stand den beiden Frauen völlig im Weg, ohne es zu merken. Ich nahm ihn beiseite und begann seinen Gutschein auszustellen. Der Tisch für die Walters war nun frei. Es fehlten aber noch immer zwei Stühle, jetzt einfach an einem anderen Ort.

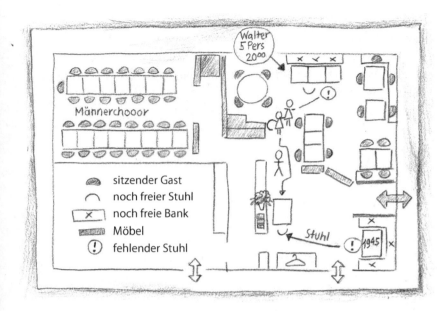

Wie ich an den Stühlen herumstudierte und im Ordner eine neue Gutscheinnummer löste, stimmte plötzlich ein Teil der Männer eine einfache Melodie an. Was sollte das wohl werden? Wollte der eine Tisch dem anderen etwas vorsingen?

„Aus der Traube in die Tonnee
aus der Tonne in das Faaaass."

Ich hoffte insgeheim, es würde so harmlos bleiben und bald vorbei sein, doch gleich darauf setzten die Tenöre ein, und ein fröhlich-rasantes Lied begann in wunderbarer Harmonie unsere Räume zu erfüllen.

„Aus der Traube in die Tonne
aus der Tonne in das Fass.
Aus der Traube in die Tonne
aus der Tonne in das Fass ..."

Ziemlich verdattert schauten wir alle einander an. Wir waren am Limit, es fehlten Stühle, Gäste waren zu früh da, und im Saal sangen 31 Männer! Eine Mitarbeiterin fragte mich beim Vorbeihuschen: „Hast du mit die Magnumflasche geholt?" Nein, das hatte ich wie vieles andere auch noch nicht gemacht.

„... aus der Tonne in das Faaass.
Aus dem Fasse dann oh Wonne!
In die Fla-aaschee, in das Glas,
in die Flasche, in das Glaaaas."

Die Sänger verstummten, zum Glück. Meine Frauen kamen bereits mit den Vorspeisen für den Chor aus der Küche, da ging es wieder los.

„Aus dem Glase in die Kehle,
in den Magen, in den Schlund,
aus dem Glase in die Kehle,
in den Magen, in den Schlund.
In den Magen, in den Schluuund.
Und als Bluuuut dann in die Seele,
und als Woooort hierauf zum Mund ..."

In der Zwischenzeit überreichte ich dem wartenden Herrn den Gutschein, verabschiedete ihn und rannte in den Keller, um für meine Kollegin den Wein zu holen. Als ich wieder oben war, sangen die Männer noch immer lautstark.

„Und im nächsten Frühling wieder
fallen dann die Lieder fein ..."

Vorne in der Brasserie wurden Bestellungen aufgenommen, wurde Essen gebracht, Wein nachgeschenkt und abgeräumt. Da ging auch schon wieder die Türe auf, und fünf Personen kamen herein.

„... Und im nächsten Frühling wieder
fallen dann die Lieder fein ..."

Ich hatte den Eindruck, sie waren ein wenig irritiert über den Gesang bei uns, liessen sich aber nichts anmerken. „Guten Abend", grüssten sie mich lauter als nötig, „wir haben für Walter reserviert." Das waren nun die fünf Personen, an deren Tisch noch ein Stuhl fehlte. Ich war gezwungen, ihnen mein Stühle-Problem zu erklären, denn sie mussten vorerst zu viert statt zu dritt auf der Bank Platz nehmen.

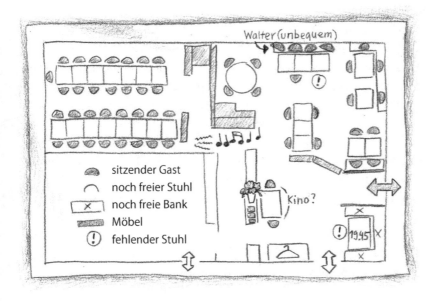

„... fallen dann die Lieder feeein,
nun als Taau auf Reben nieder ..."

Ich lief zum Telefon und rief meinen Bruder an, der gleich um die Ecke wohnte, ob er mir zwei Stühle bringen könne.

„... und sie werden wieder Wein
und sie weeerden
und sie weeerden wiiiiedeeeer Weeeeeeeiiin!"

Beim Klingelton verstummte der Männerchor, das Lied war offenbar vorbei.
„Hallo?"
„Ich bin's. Ich habe ein Problem: Ich brauche Stühle!"
„Stühle?!", lachte er. „Jetzt?"
„Ja!"
„Wie viele?"
„Zwei reichen."
„Ich komme!"
Ich war unendlich dankbar.
Da ging die Türe wieder auf, und drei Damen kamen herein. Es waren die ersten drei Gäste vom Tisch beim Eingang, dort fehlte ja auch noch ein Stuhl. Es war perfekt, die drei Frauen setzten sich schon mal auf die drei Bänklein.
    Bei den Kinofrauen konnte ich endlich das Dessert wegräumen und Kaffee bringen. Doch bezahlen wollten sie noch immer nicht, sie konnten ja nicht wissen, dass ich ihre Stühle dringend brauchte. Wann begann denn eigentlich ihr Film? Die Walters, welche wie Hühner auf der Stange sassen, wollten Wein bestellen, an allen anderen Tischen lief nun alles rund. Manuela und Martina kämpften sich mittlerweile schon wieder mit den leeren Vorspeisetellern vom Saal in Richtung Küche.
Der Präsident des Männerchors hatte soeben seine Ansprache beendet, als mein Bruder mit zwei Stühlen in den Händen ins Restaurant trat und fragte: „Wo sollen die hin?" Gleichzeitig brach aus dem Saal tosender Applaus los, was perfekt zu seinem Auftritt

passte und nur ihm gelten sollte; er hingegen fand die Situation zu Recht ein wenig grotesk. Ich bedankte mich herzlich bei ihm und sagte nur noch kopfschüttelnd: „Chaos pur!", als die Männer wieder zu singen anfingen. Ich werde seinen Blick nie vergessen.

„Wohlauf, ihr Freunde, lasst uns siiiiingen,
denn das Leben macht uns frooh!"
„Die ganze Welt ist voller Soooonne ..."

Einen Stuhl stellte er zu den drei Frauen an den Ecktisch beim Eingang, den anderen brachte ich den Walters, die froh waren, endlich bequemer sitzen zu können. Als mein Bruder wieder hinausging, hielt er noch die Türe einer Frau auf, die gerade reinkommen wollte. Es war die vierte Frau vom Ecktisch, deren Stuhl noch keine 2 Sekunden dort stand.

„Freunde, seid willkoooommen,
 wer weiss, wann wir uns wieder seeeh'n ..."

Sie sangen gut, unsere einunddreissig Männer, das musste man ihnen lassen. Veilleicht nicht immer passend zur Situation, in der ich mich jeweils befand. Ich kam gerade mit zwei Hauptgängen aus der lauten Küche, als ein eher besinnliches Lied angestimmt wurde:

„Aaaabendstiiille üüüberaall ..."

Herrlich! Die musikalisch umrahmte Stresssituation versetzte uns in eine seltsame Euphorie. Wir waren sonderbarerweise plötzlich hoch motiviert, noch freundlicher als zuvor und steckten mit dieser guten Laune alle Gäste an. Es war so urgemütlich, dass auch die beiden Kinofrauen schliesslich ihre Pläne änderten und doch noch bis um 23.00 Uhr sitzen blieben. Und ja, ich glaube, dieser

Abend war ohnehin besser als jeder Film, für alle Anwesenden. Man speist ja nicht alle Tage im Probelokal eines mittelgrossen Männerchors.

Als spät in der Nacht alle Gäste weg waren und wir alles aufgeräumt und die Tische für den nächsten Tag neu aufgedeckt hatten, setzte ich mich an den Ecktisch beim Eingang. Stille. Ich liess den hektischen, fröhlichen, so lebendigen Abend an mir vorbeiziehen und trank ein Glas schweren Roten – sang- und klanglos. So viele leere Stühle standen jetzt in diesem Raum, und alle würden immer und immer wieder besetzt sein. Und wenn wir noch welche dazukaufen sollten, würden auch diese besetzt werden, und es wären wieder zu wenig Stühle da. Es war wie im Kinderspiel „Reise nach Jerusalem", nur nimmt man nicht immer wieder einen Stuhl weg, sondern stellt einen Stuhl dazu, gleichzeitig erscheinen aber zwei neue Spieler. Das geht ebenfalls nie auf.

Wohin würde wohl unsere Reise führen? Und überhaupt, was hatten wir uns hier bloss eingebrockt!

Oliver

Eine grosse Sache war das, dieser 50. Geburtstag. Schon Monate zuvor wurde das gesamte Restaurant gebucht, jeder Gang des Menus sorgfältig bestimmt, auch die Weine wurden degustiert. Die Organisatoren überliessen nichts dem Zufall, alles war penibel durchdacht, und die Tische wurden von Freunden der Jubilarin zu deren Überraschung üppig mit farbiger, selbst gefalteter Origami-Dekoration geschmückt. Ich hatte zudem einen Zeitplan erarbeitet, an den wir uns alle zu halten hatten, damit sich die vielen Darbietungen und das Menu nicht in die Quere kamen.

Die Gäste, der Wichtigkeit des Anlasses entsprechend herausgeputzt und, wo nötig, unauffällig retuschiert, trafen sich pünktlich und gut gelaunt zum Apéro, und unsere Maschinerie begann zu laufen. Champagner wurde gereicht, es wurde geplaudert, gelacht und nachgeschenkt. Fast auf die Minute gemäss Zeitplan verliess die Gruppe den Apéroraum und schwärmte in die Speiseräume. Dabei erfüllte sie das Lokal mit dezentem Parfumduft, Eleganz und fröhlichem Geplapper. Wer seinen für ihn reservierten Platz nicht auf Anhieb fand, wurde vom umtriebigen Organisator freundlich eingewiesen.

Zwei leere Weingläser wurden aneinandergestossen und die Gäste offiziell begrüsst. Danach schnellte der Lärmpegel wieder nach oben, und Wein wurde eingeschenkt, Wasser gebracht und das Amuse-Bouche serviert. Alles lief perfekt.

Die meisten Gäste waren so vertieft in ihre Gespräche, dass sie den jungen Mann nicht bemerkten, der plötzlich das Lokal betrat und durch beide Räume schlenderte. Eigentlich erstaunlich, er passte so gar nicht ins Bild. Über seiner Jacke trug er eine Leuchtweste und einen abgetragenen Rucksack, seine Haare schauten wild unter einem Fahrradhelm hervor, und seine zu grosse Jeans hing locker an ihm. Ich suchte seinen Blick, als er in meine Richtung kam.

„Hoi", duzte er mich freundlich, „gell, das ist ein Geburtstag hier?" – „Ja, das ist eine Geburtstagsfeier", bestätigte ich und musterte ihn. Er war ungefähr 18, vielleicht auch etwas älter, er wirkte unsicher, und seine Augen wanderten beim Sprechen unablässig von einer Ecke in die andere.

„Gut." Seine Nase lief. „Ich komme, um ein Lied zu singen. Ich hole nur noch schnell meine Gitarre."

„Kennst du denn die Person, die Geburtstag feiert?" (Sein Auftritt war nicht auf dem Zeitplan eingetragen, dessen war ich mir sicher.)

„Es ist ein fünfzigster."

„Ja, das ist richtig. Bist du aus der Familie?"

„Nein. Aber ich bin hier, um ein Lied zu singen."

„Hat dich denn jemand bestellt?"

„Ich singe immer für den, der Geburtstag hat."

„Weisst du denn, wer heute feiert?"

„Ja, diese Frau dort, die da."

„Woher weisst du das?"

„Ein Mann am Tisch dort drüben hat mir das gesagt. Ich hole nur schnell die Gitarre."

„Wenn du nicht bestellt worden bist, um zu singen, weiss ich nicht, ob das hier erwünscht ist."

„Wieso denn nicht?", fragte er verdutzt.

„Heute Abend ist jede Darbietung geplant, ich glaube, ein spontaner Auftritt passt jetzt nicht so gut."

„Ich singe immer an Geburtstagen! Und das werde ich auch jetzt tun."

„Dann schlage ich vor, dass du den Organisator fragst, ob das in Ordnung ist. Aber warte." Ich holte Handpapier und reichte es ihm. „Schnäuz dir erst die Nase, das sieht besser aus."

Er bedankte sich, schnäuzte sich herzhaft und eilte zu der verantwortlichen Person. Der grosse elegante Mann im karierten Jackett erhob sich ruckartig vom Stuhl, als er bemerkte, dass ein junger Mann mit Leuchtweste und Helm mit ihm reden wollte. Es schien, als wäre es ihm unangenehm und er versuche, den Jungen sanft von der Tischgesellschaft wegzudrängen. Vom Buffet aus betrachtet, sah es nicht so aus, als ob sie sich einig würden. So ging es auch nicht lange und der Junge kam aufgebracht zurück.
„Der will das nicht! Das ist nicht richtig! Ich singe immer an Geburtstagen, immer. Er kann das nicht einfach so bestimmen. Ich singe trotzdem."
„Nein, das geht nicht, in dem Fall darfst du nicht singen. Wir müssen das respektieren."
„Man kann doch alle hier fragen. Vielleicht will nur er das nicht, alle anderen aber schon!", insistierte er, den Tränen nahe.
„Nein. Wenn derjenige, welcher das Fest organisiert hat, das nicht will, so können wir nichts daran ändern. Es ist sein Fest."
Die Enttäuschung darüber, dass er nicht spielen durfte, war schon gross genug, dass ich aber seine für ihn so einfache und logische Mission nicht unterstützte, schien ihn regelrecht zu erschüttern. Er machte ein paar Schritte zurück und schüttelte ungläubig den Kopf.
„Wenn ich hier und jetzt nicht singen darf, dann werde ich NIE mehr in meinem Leben singen! Ich schwöre es. Ich werde NIE MEHR singen!"
Ich erschrak ein wenig über die Endgültigkeit dieser Aussage.
„Das wäre jetzt allerdings wirklich schade und vielleicht ein wenig übertrieben. Nur weil das einmal jemand nicht will, musst du doch nicht gleich dein Leben lang aufs Singen verzichten!"
„Doch, doch, das werde ich!"
„Manchmal wird man enttäuscht und manchmal hat man Erfolg, das ist eben so. Sehr bald wird wieder jemand Geburtstag feiern, und dann klappt es vielleicht."

„Doch, ich schwöre es. Ich werde nie mehr singen. Und dann sind SIE schuld!" Dabei zeigte er mit dem Finger auf mich.
„Wieso denn ich? Hör mal – wie ist dein Name?"
„Oliver. Nie mehr, ich sage es, du bist dann schuld."
„Hör mal, Oliver. Ich kann doch nichts dafür. Dieser Mann will das nicht, es ist seine Feier. Wir können es nicht ändern, das geht mir manchmal auch so, meine Gäste wollen nicht immer, was ich will, das muss ich akzeptieren."
„Ich verstehe das nicht. Und ich akzeptiere das nicht!"
„Es läuft nicht immer alles so, wie man es sich wünscht. Es ist nun mal so. Und manchmal ist es sogar besser."
„Nein, das ist nicht richtig!"
„Es ist doch nicht schön, wenn du für jemanden singst, der das gar nicht will. Das macht doch keinen Spass!"
Da begann er zu überlegen, ob ich vielleicht doch recht hätte.
„Vor Leuten zu singen, die es mögen, ist toll. Aber wenn sie es nicht wollen, dann ist es doof. Dann klatschen sie vielleicht nicht einmal." Das Argument des Applauses schien ihn zu überzeugen.
„Dann gehe ich jetzt heim und schaue DSDS."
„Das ist eine gute Idee", munterte ich ihn auf.
„Es wäre nämlich wirklich schade, wenn ich das verpassen würde. Ich will das sehen, ich schaue das immer!" Dabei klang er, als würde ich ihn daran hindern, seine Lieblingssendung zu schauen. Die Enttäuschung von vorhin war wie weggeblasen und machte einer neu ausgedachten Ungerechtigkeit Platz. Diese Wendung hatte ich nicht erwartet. Doch ich spielte mit, es schien mir der einzige Weg zu sein, ihn zum Rausgehen zu bewegen.
„Das würde mir leid tun und wäre schade. Das möchte ich nicht."
„Weil, wenn ich jetzt noch lange mit dir rede, dann kann ich DSDS nicht sehen, und das will ich aber!"
„Dann schlage ich vor, du gehst schnell heim, damit du nichts verpasst."
„Ja, das mache ich jetzt. Ganz bestimmt tu ich das!"

„Das ist gut so. Komm gut nach Hause und viel Spass bei DSDS. Vielleicht klappt es ein anderes Mal."
Er gab mir die Hand und verabschiedete sich, zwar freundlich, doch ich erkannte, dass er noch sehr aufgewühlt und schwer enttäuscht war von mir. Ich tröstete mich damit, dass er bestimmt schon bald für einen anderen Jubilar singen dürfte. Dass dies bei uns sein würde, konnte ich ja nicht ahnen.

Der Weinprofi

Die elegant zurechtgemachte ältere Dame am Kopfende des Tisches lächelte still und zufrieden in die Runde. Ihr Sohn hatte zu ihrem 80. Geburtstag wieder einmal die Familie zusammengetrommelt und zum Essen geladen. Sie beobachtete still und mit wachem Blick die Szene um sie herum und beteiligte sich nicht sonderlich an den ohnehin ewig gleichen Tischgesprächen. Sie machte auf mich den Eindruck einer scharfsinnigen und bescheidenen Frau, für die der Gang ins Restaurant eine Seltenheit geworden war. Ihr Sohn allerdings schien ein Restaurantkenner und Feinschmecker zu sein, dies jedenfalls verriet seine überlegene Haltung zu Tisch und nicht zuletzt die üppige Statur, die in einem perfekt sitzenden Anzug steckte.

Souverän lehnte er sich im Stuhl zurück und studierte aufmerksam und mit dem Blick eines Profis die Weinkarte, um die bestmögliche Wahl zu treffen. Ein Weinkenner der höchsten Gilde, das war von Weitem zu erkennen. Als ich an ihn herantrat, um die Bestellung entgegenzunehmen, gab er mir die Karte geschlossen zurück, schaute dabei konsequent in eine andere Richtung und sagte mit gelangweilter Stimme: „Château Laroze null neun", dabei blinkte beim Wort „Laroze" sein rechter, goldener Manschettenknopf im Licht unseres Kronleuchters kurz auf, als wäre dies das Zeichen für die richtige Wahl.

Auf dem Weg in den Weinkeller nahm ich zwei Stufen auf einmal und war ebenso schnell, dafür atemlos wieder oben, denn unser Lokal war zum Bersten voll, uns fehlten mindestens vier Hände. Am Tisch brachte ich meinen Atem unter Kontrolle und entkorkte die Flasche möglichst zügig, nahm das Weinglas in die linke Hand, schenkte ein wenig ein, schwenkte den Wein elegant ein paar Runden im Glas und stellte es dann dem Herrn Sohn und Chef der Tafelrunde zur Probe hin. Er nahm das Glas gekonnt in die Hand, schwenkte es selber auch noch einmal und führte es unter seine Nase.

Während ich ihm mit der rechten Hand die Weinflasche präsentierte, überflog ich die umliegenden Tische, ging im Stillen die anstehenden Tätigkeiten und den zeitlichen Ablauf der Küche durch und schraubte mit der linken Hand hinter meinem Rücken den Korken vom Korkenzieher, um ein paar Sekunden Zeit zu sparen. Ich wartete nur noch auf sein Zeichen, damit ich den Wein einschenken und weiterarbeiten durfte. Leider aber liess sich der Weinkenner mit seinem Bordeaux alle Zeit der Welt. Er stellte das Glas vor sich hin, nahm die Hände vom Tisch, lehnte sich nach vorn und hielt seine beeindruckende Nase so tief ins Glas, wie dies dessen Öffnung erlaubte. Ich hatte diese Haltung schon einmal bei einem Sommelier gesehen. Der sass ganz nah am Tisch, liess die Arme einfach hängen und beugte sich über das Glas. Es sah schon damals albern aus, aber in dieser Situation war es nur lächerlich. Seine Gäste am Tisch beobachteten die Szene aufmerksam und wagten kaum noch zu reden. Eine Frau vom gegenüberliegenden Tisch suchte Blickkontakt und hob ihre leere Wasserflasche hoch. Ich nickte ihr mit einem Lächeln dezent zu. Mein Weinprofi lehnte sich derweil im Stuhl zurück, schaute sich um und atmete ein paarmal scheinbar neutrale Restaurantluft ein, um gleich darauf nochmals über dem Weinglas eine Nase voll blumig-fruchtig-erdigem Traubenduft durch seine Geruchsrezeptoren zu jagen. „Gute Nase", sagte er, ohne das Glas aus den Augen zu verlieren, und hob es ein weiteres Mal hoch. Er kippte es leicht nach links, dann nach rechts. Es nahm kein Ende. Er schwenkte den Wein wieder im Kreis, hielt das Glas schief ins Licht, nahm es an die Nase und roch erneut daran. Der Korken war längst vom Korkenzieher gedreht und lag nun auf dem Tisch, so blieb mir nichts mehr, als geduldig zu warten. Mein Blick schweifte wieder über die anderen Tische und die anstehenden Arbeiten. Tisch acht wollte das Mineralwasser, Tisch fünf sollte die Speisekarte bekommen, Tisch zwei war noch nicht einmal bedient ... Mein Bordeaux-Liebhaber aber roch zum x-ten Mal am Wein und schaute danach die Raumdecke an. Ich wollte doch bloss wissen, ob der Wein nach Korken roch oder nicht, wir waren hier nicht an einer professionellen Weindegustation!

Nun hob er das Glas erneut hoch, schwenkte es auf alle Seiten und kommentierte seine Erkenntnis: „Schöne Farbe." Seine Gäste warteten und schwiegen. Es verstand sich von selbst, dass man seiner Demonstration aufmerksam beiwohnen sollte, aller Augen ruhten auf ihm, was er sichtlich auskostete. Endlich setzte er das Glas an die Lippen und schlürfte einen kleinen Schluck in den Kennermund, dann schleuderte er den Wein gekonnt durch den trainierten Gaumen. Das schlürfende Geräusch liess erahnen, wie oft er bereits in kompetenter Gesellschaft beste Weine in ihre vielen Duft- und Geschmacksnuancen aufgefächert hatte. Ich fragte mich derweil, ob wohl auf dieser Welt schon einmal ein Wirt einen Gast mit einer Weinflasche erschlagen hatte. Dann wäre der null neun ein Mordsjahrgang gewesen!

„Er braucht noch ein, zwei Grad." Dass er mich ausgerechnet mit diesem Satz aus meinen Gedanken holte, war die Krönung. Hätte ich endlich einschenken können, so wäre die Temperatur keine fünf Minuten später ein bis zwei Grad höher gewesen. Ich hatte meinen Ärger noch unter Kontrolle, aber es wurde immer schwieriger. Sicher würde er nun den zweiten Standardsatz anfügen: den Hinweis, dass der Wein noch ein wenig Luft brauche.
Er vollzog gerade das zweite Testschlürfen, ohne dabei den Eindruck zu machen, als wolle er diese Degustationsdemonstration bald beenden. „Sehr schön." Ich schaute ihn an und wartete darauf, was noch kommen sollte. „Aber er braucht noch ein wenig Luft."
Da hatten wir's! Es reichte mir. Ich versuchte, die Prozedur abzu-

kürzen, und schlug ihm vor, den Wein zu dekantieren. Doch er hörte gar nicht zu, nickte kaum merkbar und setzte zum dritten Durchlauf an; es wurde sogar seiner Tischgesellschaft langsam peinlich. Er schaute während des Schlürfens erst konzentriert an die Decke, dann nickend in die Runde, dann nickend zu mir, um zu verkünden: „Sehr schön, der kommt gut." Ich beschloss, dass dies die Freigabe des Weins war, holte emsig eine Karaffe, dekantierte den Wein so zügig wie möglich, schenkte allen ein und kümmerte mich danach sogleich um die längst auf mich wartenden Arbeiten.

Wie ich wenige Minuten später mit den Amuse-Bouches an den Tisch zurückkam, hoben die Gäste gerade feierlich die Gläser und stiessen endlich mit dem so ausführlich probierten Tropfen auf die Gesundheit der Oma an. Zwischen den erhobenen Händen stellte ich die ersten Tellerchen auf den Tisch und beobachtete, wie die Jubilarin ein wenig zurückhaltend ihrer Familie zuprostete und lächelnd die Glückwünsche entgegennahm. Doch noch vor dem ersten Schluck nahm sie das Glas abrupt wieder von den Lippen, verzog gequält das Gesicht und sagte mit kräftiger und bestimmter Stimme in die stille Runde: „Ui-ui-ui! Der riecht aber grauslich nach Korken, du meine Güte!" Die Zeit blieb stehen.

Alle am Tisch schienen den Atem anzuhalten. Der vorhin so abgeklärte Sohnemann rang nach Luft und schaute hilfesuchend in meine Richtung; er hoffte wohl, ich könnte ihn aus seinem kolossalen Fettnapf ziehen. Dass ich sofort eingriff, war auch ohne den stillen Hilfeschrei des Herrn Sohn selbstverständlich – eine derart haarsträubende Blamage war nun wirklich niemandem zu gönnen, selbst ihm nicht. Ich stellte mich an den Tisch, um die Aufmerksamkeit der Gäste für die ersten und schlimmsten Sekunden der absoluten Peinlichkeit weg vom Blamierten auf mich zu ziehen. Ich gab mich überrascht und demütig. „Es tut mir leid. Das ist so eine Sache mit diesem Wein hier, eine Eigenart dieses wunderbaren Tropfens." Und schüttelte verzweifelt den Kopf. „Ich habe das bereits mehrere Male beobachtet. Zu Beginn ist er noch sehr verhalten, erst wenn genügend Luft hinzukommt, entfaltet er sein ganzes Bouquet und zeigt sein wahres Gesicht. Schon oft habe ich erlebt, dass man bei diesem Wein den Korken erst nach einer Weile riecht. Das Dekantieren hat diesen Prozess offenbar beschleunigt. So was gibt es, es tut mir sehr leid."

Mein sinnloses Geplapper war etwa gleich viel wert wie die vorherige lächerliche Degustationszeremonie, genauso scheinprofessionell, aber der Plan ging auf. Sie schienen mir die erfundene Geschichte zu glauben, und der arme Mann wurde freigesprochen. Und falls mir jemand doch nicht glaubte, so spielte er trotzdem brav mit und war froh, dass der Schwager oder Onkel oder was auch immer nicht vor Peinlichkeit unter den Tisch sank. Diese Nervensäge war ja im Grunde genommen ein lieber Mensch. Ein lieber Mensch mit einer klitzekleinen Selbstdarstellungsneurose.

Aussergewöhnlichen Situationen begegnet man mit aussergewöhnlichen Massnahmen. Wichtig ist vor allem, für jedes Problem so schnell wie möglich eine Lösung zu finden, die alle zufriedenstellt. Dazu braucht es manchmal mehr Flair für Psychologie als Lebensmittelfachwissen. Es ist paradox: Wir tun zuweilen Gutes, indem wir lügen. Ja, ich habe diese Gäste mit einer aus der Luft gegriffenen Geschichte angelogen. Dieser Wein roch mit Sicherheit von Anfang an nach Korken. Hätte ich nun ehrlich sein und den Gast blossstellen sollen? Die Stimmung am Tisch am Boden zerstört, dieser Gast um sein Ansehen und seine Glaubwürdigkeit gebracht – was wäre also gewonnen gewesen? Nun jedoch waren alle zufrieden und erleichtert, und das wegen einer klitzekleinen Lüge. Man möge mir solche Ausrutscher verzeihen.

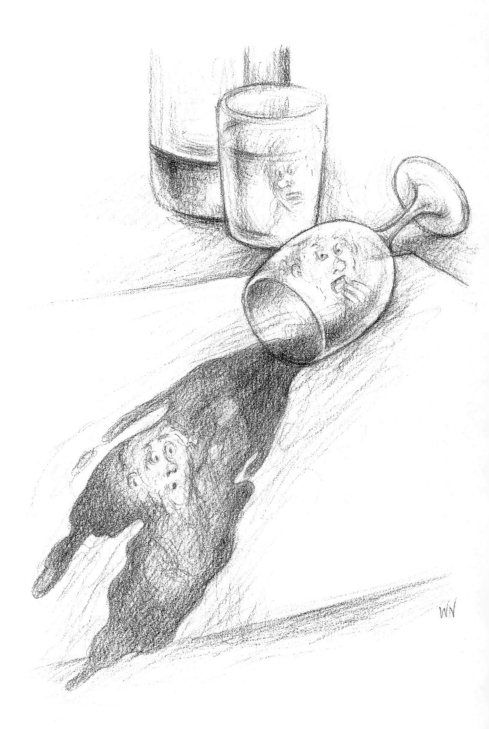

Tohuwabohu

„Sind sie schon da?", fragte mich die gerade eingetretene Dame, noch bevor ich sie überhaupt begrüssen konnte.
„Pardon?"
„Sind sie schon da?" Sie begann ihren bunten Mantel aufzuknüpfen.
„Guten Abend. Wen meinen Sie denn?"
„Meine Kollegen." Sie zog den Mantel aus und richtete ihre Frisur.
„Es sind schon einige Leute da, aber ich weiss leider nicht, wer Ihre Kollegen sind. Auf welchen Namen ist denn reserviert?"
„Rorschach."
Ich ging unsere Liste durch, fand diesen Namen jedoch nirgends.
„Auf Rorschach haben wir leider keinen Eintrag heute." Der Gedanke, dass ich eine Reservation vergessen haben könnte, versetzte mich kurzzeitig in Alarmbereitschaft. „Könnte auch auf einen anderen Namen reserviert sein?"
„Nein." Sie wartete darauf, dass ich ihr den Mantel abnahm, und strich sich erneut durchs Haar. Ich hingegen ging noch einmal die Reservationsliste durch, vielleicht hatte ich ja etwas übersehen.
„Für wie viele Personen sollte reserviert sein?"
„Das weiss ich doch nicht!"
„Eher nur vier Personen oder vielleicht mehr?"
„Ich weiss doch nicht, wer alles kommt."
„Aha. Kennen Sie niemanden von den bereits anwesenden Gästen?"
Sie schüttelte den Kopf, ohne sich umzusehen. „Nein."
„Dann sind wohl Ihre Kollegen noch nicht da."
„Aber ich bin zu spät! Die sollten schon längst hier sein."
„Ist vielleicht wo anders reserviert worden?"

„Nein, hier! Wir haben schon vor langer Zeit reserviert."
„Wir erwarten noch zwei Vierertische, einen Fünfer, ein paar Zweiertische und einen Tisch für sieben Personen. Darf ich Ihnen die Namen vorlesen? Vielleicht ist doch auf einen anderen Namen reserviert."
„Es muss Rorschach sein."
„Aber das habe ich nicht. Rudolf, Luginbühl, Hug und Meier. Luginbühl hat für sieben Personen reserviert."
Die Dame kam zu mir und las die Liste selber auch noch einmal.
„Kein Rorschach? Aber das kann nicht sein."
„Wie heissen denn die anderen Kollegen mit Nachnamen?"
„Ich kenne doch die Namen nicht alle." (Als hätte mir das klar sein müssen.)
„Können Sie jemanden anrufen?"
„Ich habe keine Telefonnummern, wir haben das per Mail abgemacht. Aber ich kann ja ein E-Mail schreiben."
„Das geht wahrscheinlich zu wenig schnell."
Das hörte sie schon nicht mehr, denn sie war sofort so auf den Bildschirm ihres Handys fixiert, dass sie für die Aussenwelt nicht mehr erreichbar war. Sie entfernte sich zwei Meter vom Buffet und blieb mitten im Restaurant stehen, um etwas ins Handy zu tippen. Dabei versperrte sie meiner Kollegin, die soeben mit drei Vorspeisen aus der Küche kam, den Weg.
„Entschuldigung, dürfte ich kurz vorbei?", fragte die Mitarbeiterin höflich.
Die Dame schaute auf und sagte zu mir, ohne dabei aus dem Weg zu gehen: „Doch, wir haben hier reserviert, die Kollegin hat geschrieben, dass wir uns hier um 19 Uhr treffen."
„Das heisst allerdings nicht, dass sie wirklich reserviert hat."
Eine andere Mitarbeiterin versuchte, mit ein paar Champagnergläsern auf einem Tableau links an der Dame vorbeizukommen.
„Ich warte draussen", sagte die Frau unvermittelt und drehte so schnell ab, dass sie beinahe mit meiner Mitarbeiterin zusammen-

geprallt wäre, welche aber sehr geschickt reagierte und alle Gläser retten konnte, haarscharf. Doch auch das merkte die Dame nicht und kam zu mir zurück, wobei die Kollegin abermals ausweichen musste. „Wir haben wirklich auf Rorschach reserviert."
„Warten wir mal auf Ihre Kollegen, und dann schauen wir weiter."
„Aber Sie haben ja sicher noch Platz für uns."
„Wir sind komplett ausgebucht, im Moment sieht es schlecht aus."
„Das kann nicht sein."
Ich sagte nichts dazu. Es konnte nicht nur sein, es war so.
„Ich warte draussen", fügte sie hinzu, als sie realisierte, dass meine Aussage nicht verhandelbar war.
Zehn Minuten später war sie wieder da, zusammen mit sechs weiteren Personen. Sie gruppierten sich mitten im Restaurant, unangenehm nahe an einem bereits besetzten Tisch. Man konnte unschwer erkennen, dass sich der Mann auf dem Stuhl eingeengt fühlte, denn er schaute fordernd zu der Dame hoch, die ihm am nächsten stand, ihn ignorierte und triumphierend sagte: „So. Wir sind jetzt alle da."
„Sehr gut. Ist der Tisch vielleicht auf Luginbühl reserviert?"
Alle schauten einander an.
„Wer von Ihnen heisst Luginbühl?"
Erneut sahen sie einander an und waren sich nach einer kurzen Fragerunde einig, dass niemand so hiess.
„Für sieben Personen habe ich einen Tisch auf den Namen Luginbühl."
„Nein, das sind nicht wir."
Gäste kamen rein und gaben meiner Kollegin ihre Jacken, es wurde eng.
„Es sollte auf Rorschach reserviert sein."
So weit waren wir schon mal.
Meine Kollegin kämpfte sich durch meine tischlose Gesellschaft: „Entschuldigung, dürfte ich mit diesen Gästen an Ihnen vorbei? Vielen Dank."

Sechs Personen gingen in Einerkolonne durch die ratlose und nicht sonderlich kooperative Gruppe und setzten sich an den Tisch der Luginbühls. Aha, dieser Tisch war es also nicht.
„Wer von Ihnen heisst denn Rorschach?", wollte ich wissen.
Ein Mann in der hinteren Reihe meldete sich. „Das bin ich."
„Dann haben Sie bei uns reserviert?"
„Nein. Ich habe nicht reserviert."
„Wer hat dann reserviert?"
Alle schauten einander an, und ein Gemurmel ging los.
„Hat womöglich gar niemand reserviert?", unterbrach ich sie.
„Wahrscheinlich", sagte nach einigem Zögern ein junger Mann.
„Aber wir sind zu sechst."
„Es tut mir leid ...", begann ich zu erklären, da fiel mir eine Frau ins Wort.
„Nein, sieben!"
„Ach ja, sieben", strahlte der junge Mann.
„Es tut mir sehr leid, alle diese Tische sind reserviert, wir haben keinen Platz."
„Und im hinteren Teil?"
„Dort auch nicht."
„Das gibt es doch nicht! Wir haben das schon lange abgemacht."
„Das ist sehr schade."
„Sie haben gar keinen Platz mehr?!"
„Leider nein."
„Wo sollen wir denn jetzt hin? Für sieben Personen findet man doch nicht einfach so spontan einen Tisch!", rief die erste Dame empört und wandte sich so ruckartig ihren Kollegen zu, dass ihre grosse Tasche den Arm des Mannes am angrenzenden Tisch traf, der soeben sein Glas hob. Rotwein schwappte über den Glasrand und ergoss sich grosszügig auf sein Tischset. Seine Empörung hielt sich bewundernswert in Grenzen, ich war sofort bei ihm und entschuldigte mich an ihrer Stelle. Sein Hemd hatte zum Glück nichts abbekommen, und so wischte ich mit dem Set den Tisch

notdürftig sauber und schaffte Platz für ein frisches. Die Dame hatte indessen nichts davon mitbekommen, sie beriet sich mit ihrer Gruppe.

„Wie lange im Voraus muss man denn bei Ihnen reservieren?", fragte sie fast vorwurfsvoll und wandte sich mir ruckartig zu, dabei schrammte ihre Tasche nur knapp am Kopf desselben Gastes vorbei.

„Vorsicht, hier sitzt jemand, könnten Sie bitte etwas Abstand halten, vielen Dank", sagte ich in die Runde und versuchte, sie ein wenig Richtung Ausgang zu bewegen, was allerdings fast unmöglich war – eine ganze Gruppe zu verschieben, ist immer schwierig. „In dieser Jahreszeit ist eine Reservation spätestens eine Woche im Voraus nötig."

„Und all diese Gäste hier haben schon vor über einer Woche reserviert? Das kann doch nicht sein."

„Doch, zum Teil vor zwei Wochen und noch länger."

Ich gab ihnen den Gastroführer unseres Städtchens, um zu zeigen, wo sie es noch versuchen könnten, begleitete sie zur Tür und verabschiedete sie freundlich.

Der Gast, der vorhin von der Tasche getroffen worden war, hatte mittlerweile ein neues Tischset erhalten und sass nun bei der Vorspeise. Eigentlich hatte es hier genügend Platz, fand ich. Vor dem Tisch stand sogar ein Pflanzenkorb, der die dort sitzenden Gäste vom Eingang abschirmen sollte. Doch offensichtlich reichte das nicht. Bereits eine Woche zuvor hatte eine Frau ihre Jacke so schwungvoll angezogen, dass der Reissverschluss einem Gast an genau diesem Tisch um die Ohren geflogen war. Eine neue Lösung musste her, damit die Gäste entweder mehr Abstand wahrten oder sich vorsichtiger bewegten.

Als um Mitternacht alle Gäste weg waren, hatte ich genügend Ruhe, um mich diesem Problem zu widmen. Wie war es überhaupt möglich, sich so ungeschickt zu verhalten, dass man andere Gäste schubste oder mit der Jacke im Gesicht traf? Waren die Menschen

einfach nur unvorsichtig, zu abgelenkt durch das Ambiente und die Kollegen? Oder waren sie einfach sich selber am wichtigsten und scherten sich nicht um andere? Wie auch immer, ich musste erstens einen Schutz hinstellen und zweitens die Gäste zu mehr Vorsicht bewegen. Ich schob also den fragilen Spirituosenwagen mitten in den Raum, ganz nahe an den Tisch. Nicht ein stabiles Holzmöbel, sondern Grappaflaschen würden die sitzenden Gäste in Zukunft schützen. Und mein Plan ging auf. Wenn ich zuvor zu unvorsichtigen, stehenden Gästen sagte: „Achtung, hinter Ihnen sind zwei Personen am Essen", dann änderte das überhaupt gar nichts, sie zogen ihre Jacken und Rucksäcke genau so schwungvoll an, als wären sie allein im ganzen Raum.
Nun konnte ich sagen: „Vorsicht, hinter Ihnen stehen Grappaflaschen."
Das wirkte! Die Gäste erschraken und machten einen grossen Schritt weg vom Wagen, und somit auch vom Tisch. Herrlich, was für Wunder doch ein feiner Grappa bewirkt.

Kurze Episode

Drei Männer betreten das Lokal, locker und gut gelaunt.

Ich:	Haben Sie reserviert?
Gast:	Nein. Wieso, ist das nötig?
Ich:	Nein, heute nicht. Normalerweise haben wir an einem Freitag voll, doch heute haben Sie Glück.
Gast:	Wieso hat es heute keine Leute? Liegt es an der Küche?
Ich:	Ja, das muss an unserem Essen liegen, es ist einfach fürchterlich.
Gäste:	*(lachen)*
Ich:	Nein, im Ernst. Letzter Freitag im Monat, da muss immer die alte Ware raus!
Gäste:	*(lachen)*

(Später:)

Gast:	Was ist das schrecklichste Gericht auf der Karte?
Ich:	Das Rindsfilet. Mit Abstand. Es ist viel zu zart.
Gast:	Dann nehmen wir das, dreimal.
Ich:	Möchten Sie auch den schlimmsten Wein dazu?
Gast:	Ja gern.
Ich:	Amarone, kommt sofort. Danke schön.
Gast:	Wenn der Wein so schlimm ist wie die Bedienung, dann freuen wir uns darauf.

Überraschung

Wer hat eigentlich das Drehbuch zu meinem Leben geschrieben und wo kann ich mein Recht einfordern, dies endlich zu erfahren? Wer hat mir die unzähligen absurden Situationen eingebrockt und mich bei der Lösungsfindung immer allein gelassen? Wer war es, der die eine oder andere Szene meines Lebens noch nicht spannend genug fand, ganz im Gegensatz zu mir übrigens, und noch ein idiotisches Ereignis dazwischenschob, eines von der Sorte, bei welcher man beim Film sagen würde, man hätte hier vielleicht doch ein wenig übertrieben? Rosamunde Pilcher war es mit Bestimmtheit nicht, so viel ist klar. Meine kleinen, unbedeutenden Abenteuer tragen eher die Handschrift von zwei, drei britischen Autoren mit dem Hang zu skurrilen Vorstadtgeschichten mit haarsträubenden Übertreibungen. Ich habe einen Verdacht. An Beispielen, welche diesen erhärten könnten, mangelt es nicht. Eines davon war jener voll besetzte Abend im Oktober, als wir bereits um 20.00 Uhr an der Grenze des Machbaren angelangt waren. Ein Kleinkind hatte sich soeben erbrochen (die Eltern wischen solche Dinge nur bei sich zu Hause auf), und ich war damit beschäftigt, einen Tisch zu improvisieren für zwei Personen, die behaupteten, sie hätten reserviert (es stellte sich später heraus, dass beide meinten, der jeweils andere hätte reserviert). Ich hörte hinter mir die Eingangstüre ins Schloss fallen, stellte noch die Gläser auf den neu platzierten Tisch und schaute zum Eingang, um zu sehen, wer reingekommen war. Doch da war niemand. Das war allerdings sonderbar, ich hatte die Türe doch gehört. Ich kümmerte mich nicht drum und jagte weiter meiner Arbeit nach. Auf dem Weg zum Buffet fiel mir eine gewisse Nervosität an einem Vierertisch neben dem Eingang auf. Da war alles

in Bewegung, die Gäste streckten ihre Hälse und suchten hilflos den Blickkontakt zu mir. Was war da los? Bei ihnen angekommen, sah ich, dass sie nun zu fünft waren. Da sass ein relativ junger, leicht zersauster Mann bolzengerade neben den zwei eleganten und schockierten Damen auf der Bank und schaute mit wirrem Blick und ruckartigen Kopfbewegungen um sich. Er musste derjenige sein, der vorhin reingekommen war, und offenbar hatte er sich schneller an diesen Tisch gesetzt, als ich schauen konnte. Es war ganz offensichtlich, dass die leicht überforderten Gäste den jungen Mann nicht kannten und auch nicht kennenlernen wollten. Ich nahm mich der Sache also erst einmal gastgeberisch freundlich an.
„Entschuldigung, dieser Tisch ist besetzt, Sie können sich hier nicht dazusetzen."
Schon während ich diese paar Worte sagte, hatte ich das sonderbare Gefühl, ins Leere zu sprechen. Er reagierte überhaupt nicht, sondern sass völlig unbeteiligt da. Seine Fingerkuppen ruhten bei gestreckten Fingern auf den Knien, und er begann zu schauen, ob es auf dem Tisch etwas Essbares gab. Seine Ignoranz war bemerkenswert und verunsicherte mich zugegebenermassen ein wenig. Ein Herr am Tisch war froh, dass ich mich um diesen ungebetenen Gast kümmerte, sah das Problem delegiert und begann einfach da weiterzureden, wo er zuvor unterbrochen worden war, was die Szene noch absurder machte.
„Peter hat uns diesen Tipp gegeben. Die waren ja vor zwei Jahren dort in den Ferien, allerdings im Frühling, das ist natürlich etwas anderes. Aber ich muss schon sagen ..."
Es war ein naiver Versuch, die gute Stimmung am Tisch aufrechtzuerhalten. Die übrigen drei Gäste waren nur auf den Eindringling fixiert, der neben ihnen sass und sich nun an ihrem Brot bedienen wollte.
„Könnten Sie bitte wieder gehen. Hier sitzen schon Gäste", sagte ich forsch und unterbrach damit den gesprächigen Herrn erneut.

Der Eindringling musterte die vier Personen am Tisch mit weit geöffneten Augen, schaute nach oben, hinter sich, zur Tür und zu mir hoch. Es schien, als hätte er selber keine Ahnung, wo er gelandet war, und blickte nervös um sich, als suchte er einen Ausweg. Dabei traf sein Blick den meinen, und ich wusste augenblicklich, der war komplett von der Rolle. Da half nur eine klare und direkte Kommunikation in Befehlsform. Ich ging einen Schritt zurück, damit er meine ganze Gestalt erfassen konnte, zeigte mit ausgestrecktem Arm und Zeigefinger auf den Ausgang und wiederholte mich laut und bestimmt: „Bitte stehen Sie auf und verlassen Sie das Lokal."
Der vorhin so gesprächige Gast auf dem Stuhl zuckte kaum merkbar zusammen, und ich wartete darauf, was nun geschehen sollte. Die Eingangstür neben uns ging auf.
„Grüezi!", hörte ich eine Kollegin hinter dem Buffet freundlich rufen.
Neue Gäste kamen rein, strahlten mich an und sagten: „Grüezi. Wir haben einen Tisch für zwei reserviert."
Ich stand stumm vor ihnen und zeigte mit dem ausgestreckten Arm zur Tür. Die Freude wich aus ihrem Gesicht, und Verunsicherung breitete sich aus. Erst als ich meinen Blick wieder von ihnen abwandte, merkten sie, dass der Fingerzeig nicht ihnen galt, und richteten sich an meine herbeigeeilte Mitarbeiterin.
„Grüezi. Wir haben einen Tisch für zwei reserviert."
„Auf welchen Namen denn?"
Der irre Störenfried reagierte noch immer nicht.
„Fischer."
Er rührte sich nicht. Es herrschte eine angespannte Stille am Tisch, eine Art Schockstarre, während im restlichen Teil des Lokals heiter geplaudert wurde.
„Ach ja, Fischer, sehr schön. Möchten Sie vielleicht die Jacken für die Garderobe abgeben?", hörte ich meine Mitarbeiterin sagen.
Der Eindringling sah mich unvermittelt an, und ein kalter Schau-

der lief mir über den Rücken. Sein Blick war fordernd und komplett irr, er strahlte gleichzeitig eine grenzenlose Orientierungs- und Hilflosigkeit aus, aber auch eine unerwartete Selbstsicherheit, eine tiefe Demütigung und Wut. Ich sah all das in ihm im Bruchteil einer Sekunde.

„Ich behalte sie lieber an, ich habe alle meine Sache drin", sagte der neue Gast, „Handy und so."

„Ich gebe sie gerne ab", meinte seine Begleiterin. „Kannst du kurz meine Handtasche halten, Schatz?"

Das erneute Zuschlagen der Türe schien unseren komischen Vogel aus seiner Starre geweckt zu haben. So schnell, als hätte ihn eine unsichtbare Kraft hochgezogen, stand er auf, huschte an mir vorbei und stürzte wieder aus dem Haus. Der neue Gast hielt die Handtasche seiner Frau in den Händen und schaute mich verdutzt an, und der Herr am Tisch begann wieder mit seiner Geschichte, als wäre nichts gewesen: „Wir waren ja im Sommer dort und nicht im Frühling wie Peter und Annamarie. Aber ich muss schon sagen ..."

„Wer war das denn?", fragte mich seine Frau und unterbrach den armen Erzähler schon wieder.

„Ich weiss es nicht, ich entschuldige mich für die Umstände." Ich wusste es wirklich nicht, ich suchte nach einer Erklärung, doch es gab keine, ich war sprachlos. Und das kommt doch eher selten vor.

Einen Monat später, bei seinem zweiten Überraschungsbesuch, stürmte er genauso schnell ins Restaurant wie beim ersten Mal. Unnötig zu erwähnen, dass er sich auch bei diesem Besuch einen vollbesetzten Abend ausgesucht hatte. Wie aus dem Nichts war er plötzlich da und steuerte direkt auf eine Mitarbeiterin zu, die soeben mit einem Kaffee auf einem kleinen Plateau hinter dem Buffet hervortrat und einen Tisch ansteuerte. Er war schneller und trat mit ausgestreckten Armen seitlich an sie heran, packte mit beiden Händen ihren Hals und begann sie zu würgen und hin und her zu schütteln. Entsetzt riss sie die Augen auf und klammerte sich an ihrem kleinen Plateau fest, als würde dies helfen. Doch genau deshalb hatte sie natürlich die Hände nicht frei, um sich zu wehren. Das ist typisch für unseren Beruf, nie würde man im Service etwas fallen lassen, das für einen Gast bestimmt ist, eher setzt man sein eigenes Leben aufs Spiel. Die Tasse klapperte auf dem Unterteller, Kaffee schwappte über, ein Keks fiel zu Boden, und das Glas mit den Zuckerportionen fiel um und ergoss sich über den Plateaurand. Ich rannte ihr zu Hilfe und riss den irren Angreifer von ihr los, was viel einfacher war als erwartet. Er registrierte sofort, dass er in der Unterzahl war, und hetzte, so schnell er gekommen war, wieder aus dem Lokal. Eine andere Mitarbeiterin eilte zu Hilfe, um ihrer Kollegin das Plateau abzunehmen und sofort einen neuen Kaffee zu machen, damit der Gast nicht warten musste. Die Prioritäten werden in unserem Beruf zuweilen sonderbar gesetzt. Die meisten Gäste bekamen gar nicht mit, was soeben geschehen war, der eine oder andere Zeuge der kuriosen Szene aber war so perplex, dass er gar nicht erst reagierte. Die Servicemitarbeiterin war kurzzeitig so verstört, dass sie wie ferngesteuert als Erstes den Zucker aufhob. Nachdem ich mich vergewissert hatte, dass es ihr gut ging, schickte ich sie in die Pause.

Er war natürlich Thema Nummer eins bei unserem Feierabendgespräch. Wir kamen zum Schluss, dass eine direkte Begegnung mit ihm zwar beängstigend war, stuften ihn aber nicht als gefährlich ein. Wir hatten alle schon genügend Erfahrungen mit merkwürdigen Gestalten sammeln können, in der Gastronomie kommt man kaum darum herum. Man begegnet so vielen unterschiedlichen Leuten und Situationen, dass man nach wenigen Monaten bereits ein ganz eigenes Bild von der menschlichen Spezies gewonnen hat. Drei Wochen später hatten wir dann seine Überfälle auch schon fast vergessen. Wie einen Schnupfen, den vergisst man auch nach spätestens drei Wochen und glaubt fest daran, nie mehr einen zu bekommen. So hatten wir die Erinnerung an ihn auch in eine der hintersten Schubladen unseres Gedächtnisses verbannt und gingen unbeschwert unserer Arbeit nach. Das Lokal war wieder zum Bersten voll, und wir versuchten unser Bestes, damit die Gäste von unserer Hektik nichts mitbekamen. Ich nahm im Gehen drei Speisekarten vom Stapel und eilte damit zum Tisch, der am nächsten beim Eingang stand. Da flog die Türe mit solcher Wucht auf, dass sie an die Holzwand des Windfangs krachte und durch den Aufprall gleich wieder zurück ins Schloss geschleudert wurde. Noch bevor ich reagieren konnte, war er wieder da. Er steuerte mich mit ausgestreckten Armen an, und keine zwei Sekunden später hatte er mit seinen dünnen, kalten Händen meinen Hals umschlossen und begann mich hin und her zu schütteln. Sein Griff war überraschend lasch, er würgte eigentlich gar nicht, sondern hielt mich nur fest und schüttelte. Es muss schauerlich ausgesehen haben, denn diejenigen Gäste, welche zusahen, wurden starr und strahlten mit ihren versteinerten Mienen Entsetzen aus. Ich stiess ihm die Speisekarten in die Rippen und drückte ihn so von mir weg. Wie er mich losliess, schrie ich ihn an: „Geht's noch, fass mich nie wieder an – hau bloss ab, du Arsch – spinnst du eigentlich – raus, du ***!" Verständlicherweise entglitt mir kurz die Kontrolle über meine Wortwahl, was ihn wiederum sehr erschreckte, die anwesenden Gäste übrigens auch, und aus dem Haus scheuchte. Ich badete förmlich in Adrenalin. Wer zum Henker war dieser Irre, wem war er entlaufen und was bezweckte er mit dieser halbherzigen, idiotischen Würgerei?! Mein Serviceteam lachte, die Gäste waren schockiert, und ich musste an dem Tisch, an welchem ich mich befand, erst einmal eine Erklärung abliefern, die ich eigentlich gar nicht hatte.

„Wer war das denn?", fragte mich eine besorgte Frau.

„Ich habe keine Ahnung."

„Ist das denn schon einmal passiert?", fragten sie mich weiter aus.

„Ja, doch es ist auch dann nichts geschehen."

„Müssten Sie nicht die Polizei rufen?"
„Das haben wir uns auch gefragt, aber er kommt immer überraschend und ist schneller wieder weg, als die schnellste Polizei hier sein könnte. Also, was können wir tun?"
Auch die Gäste waren ratlos.
„Er kündigt sich ja nicht an, leider."
„Hat er Ihnen wehgetan?"
„Nein, überhaupt nicht, es war nur ein wenig beängstigend. Aber danke der Nachfrage. Sehr zu empfehlen ist heute unser wunderbar zartes Rindsfilet mit frischen Steinpilzen, Kartoffelgratin und Gemüse."
Natürlich musste ich an jedem Tisch kurz erklären, was los war und wer dieser Irre war. „Ja, ja, es geht mir gut, danke. Nein, wir wissen nicht, wer das ist. Naja, es gibt komische Gestalten in einer Stadt. Hätten Sie gern noch ein Mineralwasser?"
Ich gönnte mir allerdings zwei Minuten Durchatmen hinter der Küchentüre, um meine Gedanken wieder zu sammeln und das Adrenalin abzubauen, mehr lag nicht drin, denn es wurden gerade die Suppen von Tisch sieben angerichtet. Ich schnappte sie mir, und es ging weiter. Später beschlossen wir, ab sofort bei Möglichkeit die Türe verschlossen zu halten. Solange allerdings Gäste rein und raus mussten, war dies natürlich schwierig.

Eine Woche später hörten wir ein dumpfes Poltern an der Türe. Ich eilte hin und frohlockte. Unser Irrer war soeben gegen die verschlossene Tür gestossen und lief wieder davon. Wir hatten es geschafft, ihn auszusperren, welch ein Triumph! Obwohl wir ein paar Gäste mit der verschlossenen Tür irritierten, verfolgten wir diese Strategie weiter mit Erfolg. Er liess sich immerhin mehrere Wochen nicht mehr blicken. Dieses Gefühl der Unbesiegbarkeit war dann leider auch der Grund, dass wir mit dem Überwachen der Türe zunehmend wieder nachlässiger wurden.

Und so kam es, dass wir ein paar Wochen später nicht schnell genug die Türe zusperren konnten. Dafür aber war eine meiner

Mitarbeiterinnen um so heftiger im Reagieren. Ich stand am Tisch neben dem Eingang, als er reinhetzte und sogleich mit würgebereiten Händen eine Mitarbeiterin ansteuerte. Mutig und entschlossen machte sie einen grossen Schritt auf ihn zu, zeigte mit ausgestrecktem Arm auf den Ausgang und schrie: „RAAUS!", sodass diesmal die Gäste nicht wegen des komischen Vogels, sondern wegen der normalerweise so freundlichen jungen Frau halb zu Tode erschraken. Es herrschte augenblicklich Ruhe im Raum, eine Gabel fiel auf einen Teller, ein Stuhl wurde zurechtgerückt. Beim Irren kam der Befehl offensichtlich auch an, denn er machte tatsächlich auf dem Absatz kehrt und hastete zurück Richtung Eingangstüre. Damit der Wahnsinnige nicht zu den Gästen ging oder uns gar durch die Seitentüre entwischen konnte, hatte ich die grandiose Idee, vor ihm beim Eingang zu sein, um die Tür zu öffnen und ihm den Weg frei zu machen, was sich allerdings als dümmster aller Einfälle seit Jahren erwies. Es war geradezu idiotisch, denn so wurde ich innert null Komma plötzlich zum neuen Ziel ohne Ausweichmöglichkeit. Als ich meine Torheit realisierte, war es längst zu spät. Schützend drückte ich mit der einen Hand die Weinkarte vor meinen Hals, und mit der anderen hielt ich die Türe auf. Er allerdings hatte gar nicht die Absicht, mich zu würgen. Ein Bedürfnis ganz anderer Art überfiel ihn bei meinem Anblick, denn er hielt vor mir, drückte mich mit seinem ganzen Körper an die Wand des Windfangs und begann, auf und ab zu wippen und sich an mir zu reiben. Ekel überfiel jede einzelne meiner Poren. Ich stiess ihn heftig weg und schrie ihn regelrecht an. Das Entsetzen liess Wörter aus mir sprudeln, die ich bis dahin gar nicht zu kennen glaubte, geschweige denn ihre beeindruckende Wirkung kannte, denn ich hatte ihn verbal richtiggehend auf die Strasse katapultiert.

Zwei Minuten Sendepause hinter der Küchentüre reichten dieses Mal nicht aus, ich stellte mich in unseren grossen Kühlschrank, atmete ein paarmal tief durch und schrie mir zwischen

Peperoni und Karotten den Ekel von der Seele. Da hört man mich nicht, das hat schon oft geholfen. Das Küchenteam war allerdings ein wenig verwundert über mein Benehmen, ich schreie nur alle paar Jahre das Gemüse an.

Der Irre wurde übrigens nie mehr gesehen, weshalb, ist und bleibt ein Rätsel. Niemand kannte ihn, niemand hat ihn ausserhalb unseres Lokals jemals gesehen, niemand weiss, wer er war, woher er kam und wohin er ging. Ein Mysterium, finde ich. Zu sonderbar. Sollte mein Verdacht sich am Ende bewahrheiten und der Irre wurde nur dazu benutzt, mein Drehbuch ein wenig aufzupeppen? Spielte er nur eine Rolle, um mich aus der Reserve zu locken, als wäre mein Leben ein Improvisationstheater? So muss es sein, wenn Sie mich fragen. Wie sonst hätte er bei seinem ersten Besuch so unheimlich schnell aufstehen können, „so schnell, als hätte ihn eine unsichtbare Kraft hochgezogen", so steht es doch geschrieben! Also, für mich besteht kein Zweifel.

Oliver ist wieder da

Der Junge, der unlängst in eine Geburtstagsfeier geplatzt war, um ein Lied zu singen, kam nun immer mal wieder abends bei uns vorbei. Wir hatten in der Zwischenzeit herausgefunden, wer er war, dass er in einem betreuten Wohnheim lebte und regelmässig mit seiner Gitarre durch die Stadt zog.

Er lief meist relativ zügig direkt zu uns ans Buffet, sagte allen nett Hallo und machte mit Windjacke, leuchtend gelber Weste, Rucksack und Velohelm eine Runde durch das Lokal. Wir begriffen zunächst nicht, was sein Plan war. Doch er störte uns nicht, er war stets sehr anständig und freundlich, ging von Tisch zu Tisch und wünschte einen guten Appetit oder einen schönen Abend, fast so, als würde ihm das Lokal gehören. Ich erklärte nach seinem Rundgang den Gästen jeweils, wer er war und woher er kam, und die Reaktionen waren ausnahmslos positiv. Dass wir ihn zwar nicht kannten, aber gewähren liessen, fanden alle herrlich sympathisch.

An einem voll besetzten Freitagabend, er hatte seine Runde erst zur Hälfte absolviert, rannte er plötzlich quer durchs Lokal zur Türe und war verschwunden. Wir hatten zwar nicht begriffen, was los war, aber auch keine Zeit, um uns darum zu kümmern. Sieben Minuten später allerdings war er bereits wieder da, ging direkt auf einen Tisch zu und packte eine Gitarre aus. Ich winkte ihn zu mir und wollte wissen, was er plante.

„An diesem Tisch hat jemand Geburtstag, und ich singe jetzt ein Lied für ihn."

Aha, es dämmerte mir. Er war bei der grossen Gesellschaft damals abgeblitzt, und ich hatte dummerweise gesagt: „Vielleicht klappt's

ein anderes Mal." Nun, das hatte ich mir eigentlich selber eingebrockt, da gab es jetzt kein Zurück.
Doch ich wollte wenigstens sicher sein, dass die Gäste damit einverstanden waren: „Hast du denn gefragt?"
„Ja."
„Und die Gäste am Tisch waren einverstanden?"
„Ja, und dann bin ich losgerannt und habe die Gitarre geholt."
„Wo hattest du sie denn? Bei deinem Velo?"
„Ich habe kein Velo."
„Aber du trägst ja einen Helm."
„Den trage ich immer, wenn ich mit dem Kickboard unterwegs bin."
„Ach so. Hattest du denn die Gitarre auf der Terrasse bei deinem Kickboard?"
„Nein, zu Hause."
„Du bist vorhin mit dem Trottinett nach Hause gefahren?", fragte ich überrascht.
„Ja natürlich."
„Wo wohnst du denn? Du warst ja so schnell wieder hier, wohnst du gleich um die Ecke?"
„Nein, auf der anderen Stadtseite."
Dass er diese ansehnliche Strecke, dazu noch bergauf, in so kurzer Zeit geschafft hatte, verdiente Respekt. Das wäre mit dem Auto unmöglich.
Ich reichte ihm wieder ein Taschentuch und ging, während er sich bühnenfertig machte, an den Geburtstagstisch und die angrenzenden Tische, um mich zu vergewissern, ob alle mit der musikalischen Einlage einverstanden waren.
Als ich wieder an ihm vorbeikam, sagte er mit überraschender Selbstverständlichkeit: „Ich trinke ein Bier".
„Darfst du denn Alkohol trinken?", fragte ich.
„Natürlich! Aber ich trinke nie viel. Nur eins oder zwei, das ist

nämlich sehr schlecht für die Leber. Man sollte nie zu viel davon trinken."
„Das ist richtig. Also, du spielst zuerst, und danach gibts ein Bier."
„Ich kann auch vorher eins trinken."
„Nein, nachher. Und noch was: Renn bitte nie durch unser Lokal."
„Wieso nicht?"
„Die Gäste erschrecken, wenn ein junger Mann mit Helm und Leuchtweste an ihrem Tisch vorbeirennt. Sie sind das nicht gewohnt." Er schien es immerhin zu registrieren.
Das Lied entsprang nicht gerade meinem Wunschprogramm, doch wir waren überrascht, wie gut er singen und spielen konnte. Er erntete seinen kleinen Applaus mit stolzer Selbstverständlichkeit, durfte sich noch kurz an den Tisch setzen, und es schien, als würde er zur Gruppe gehören. Entspannt sass er da, plauderte mit den Gästen und trank sein kleines Bier in wenigen Zügen aus. Wie abgemacht, packte er danach die Gitarre wieder ein, zog die Leuchtweste an und kam zu mir.
„So. Jetzt esse ich noch was."
„Wie, du isst noch was? Hier?", fragte ich ungläubig.
„Ja. Jetzt habe ich Hunger."
„Die Küche hat keine Zeit, dir etwas zu kochen, die sind zu sehr beschäftigt mit den Bestellungen der Gäste. Hast du überhaupt Geld?"
„Nö. Wieso?"
„Wir sind keine Kantine. Die Menschen, die hier essen, die bezahlen, bevor sie gehen."
Er schaute ungläubig in die Runde und schien überrascht, dass man hier für das Essen bezahlen musste. „Die bezahlen alle? Dann esse ich eben woanders."
„Hast du kein Abendessen bekommen?"
„Doch, aber die geben mir immer viel zu wenig. Viel zu wenig! Eine halbe Omelette gab es heute. Stellen Sie sich das vor!"
Ich brachte ihm Brot und Butter, ein wenig Schokolade und einen

Eistee, das sollte genügen. Seine allabendliche Runde auf der Suche nach Jubilaren war ja noch nicht zu Ende. Und als er wieder ging, sagte er beiläufig zu mir: „Beim nächsten Mal trinke ich dann ein grosses Bier, nicht so ein kleines, gell."

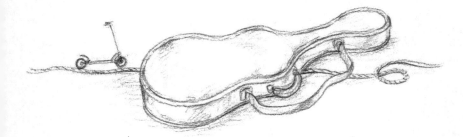

Die alte Frau, mein Polizist und ich

03.00 Uhr. Der Abend war gut, aber sehr arbeitsintensiv und hektisch verlaufen, meine Fusssohlen schmerzten, und die Müdigkeit drückte auf meine Augenlider. Ich trat in die neblige, feuchtkalte Dezembernacht, liess die Türe hinter mir ins Schloss fallen, atmete einmal tief durch, froh, dass ich an diesem Abend mit dem Auto zur Arbeit gefahren war. Gleich würde ich mich müde auf den Sitz gleiten und nach Hause tragen lassen. Ich öffnete die Autotür, holte den Eiskratzer aus der hintersten Ecke – dieses sonderbare Objekt war im Winter meist unauffindbar, fiel mir aber im Sommer stets unnütz in die Hände. Die Welt schien zu schlafen, als ich allein auf dem Parkplatz um mein Auto ging und eine dünne Eisschicht von den Scheiben kratzte. Dabei füllte der Lärm die trübe Nacht derart, dass ich mich fragte, ob das Kratzen von vereisten Scheiben nachts lauter war als tagsüber.

Wie ich ins Auto stieg, fiel mir auf der anderen Strassenseite eine alte Frau in einem knielangen, roten Wintermantel auf. Ein unübersehbarer und für das Auge willkommener Farbtupfer. Darunter trug sie trotz der tiefen Temperaturen keine Hose, sondern ein Kleid. Das liess mich schmunzeln, ich empfand beim Anblick einer so gut gekleideten Dame immer eine merkwürdige Bewunderung gegenüber der Hartnäckigkeit, die ihr eingeimpfte Damenmode gemäss dem Knigge der Fünfzigerjahre bis zum Lebensende durchzuziehen. Und das bei jedem Wetter. Ich beobachtete sie noch kurz durch das Seitenfenster und erinnerte mich, auch meine Grossmutter nie in einer Hose gesehen zu haben. Nie hätte sie sich von deren Vorzügen überzeugen lassen. Ein Kleid oder ein Jupe mit Bluse wurde jahrein, jahraus getragen, darunter natürlich die obligaten dünnen, hautfarbenen Nylonstrümpfe.

Im Winter sollte dies genügen, und im Sommer gehörte es sich ebenso, auch wenn man darin mehr schwitzte als in irgendeinem anderen erdenklichen Kleidungsstück. Die Schuhe wechselten auch kaum. Getragen wurden stets die tief ausgeschnittenen, dünnen Lederpumps mit Vier-Zentimeter-Absätzen, die dem konservativen Outfit ein wenig Eleganz hätten verpassen sollen, in fortgeschrittenem Alter aber nur dazu führten, dass das Umfeld stets fürchtete, die Dame würde wegen dieses unstabilen Schuhwerks demnächst hinfallen.

Ich startete den Motor, fuhr aus dem Parkfeld und schlug den Heimweg ein. Wie ich an der alten Dame vorbeifuhr, musterte ich sie noch einmal, so gut es ging, um meine Vorstellungen bestätigt zu bekommen. Zufrieden sah sie aus. Doch etwas stimmte nicht an dem Bild. Als ich an ihr vorbeigefahren war, glaubte ich gesehen zu haben, dass sie nicht die erwarteten Damenpumps trug, sondern gewöhnliche Hausschuhe. Das war doch ziemlich merkwürdig.

Ich überquerte die Kreuzung und schaute auf das Thermometer: -2 Grad. Was suchte eine alte Frau zu dieser Zeit und in dieser Kälte überhaupt auf der Strasse, dazu noch in Hausschuhen? Das Auto trug mich weiter durch die Nacht, bald würde ich im warmen Bett liegen. Doch die Frage liess mir keine Ruhe. Ich erinnerte mich an meinen geistig verwirrten Grossvater, der öfters das Haus orientierungslos verlassen hatte und in der Folge glücklicherweise von aufmerksamen Passanten nach Hause gebracht worden war. Die Frau war allerdings so zielstrebig unterwegs, dass ich mir eine solche Situation nicht vorstellen konnte. Und trotzdem. Es liess ein ungutes Gefühl in mir aufsteigen.

Ein paar Strassen weiter, ich war schon fast daheim, packte mich nebst dem zuvor aufgekeimten Verantwortungsbewusstsein zusätzlich die Neugierde, herauszufinden, wohin die Dame unterwegs war. Einerseits ging mich dies eigentlich nichts an, andererseits war die Situation einfach zu ungewöhnlich, als dass ich sie hätte ignorieren können. So fuhr ich also tatsächlich an meinem warmen Daheim vorbei und wieder bergab Richtung Stadt. Ich würde nicht viel Zeit verlieren, ich hoffte, die Frau aus dem Auto beobachten zu können, bis sie in einem Hauseingang verschwände, und danach beruhigt nach Hause zu fahren. Dies zumindest war mein Plan.

Während ich wieder auf der Hauptstrasse stadteinwärts fuhr und nach der Frau Ausschau hielt, stritt ich in Gedanken noch ein wenig mit mir selber. Es war wieder einmal ein typisches und völlig unnötiges Unterfangen, hier umherzukurven. Es gehörte sich nicht, fremden Menschen nachzuspionieren, und dazu noch mitten in einer kalten Winternacht. Doch eine andere Seite in mir war stumm und aufmerksam, fast ein wenig frohlockend über das mögliche Abenteuer.

Die rote Gestalt war in dieser trübgrauen Umgebung schnell entdeckt. Vornüber gebeugt lief die Frau für ihr Alter erstaunlich zügig die Hauptstrasse entlang, sah munter und kräftig aus, bewegte sich aber sehr steif. Einige Autos fuhren an ihr vorbei, eine Gruppe junger Leute überholte sie auf ihrem Heimweg vom Ausgang, johlend und lachend, zu sehr mit sich selber beschäftigt. Bestimmt war sie schon von vielen Nachtschwärmern gesehen worden, aber niemand hatte offenbar bisher die Absurdität der Situation bemerkt, niemand realisiert, welch skurrile Gestalt die alte Dame in ihren Hausschuhen und dem roten Mantel im eiskalten Nebel darstellte. Da ich ihr natürlich nicht im Schritttempo folgen konnte, fuhr ich zwei-, dreimal an ihr vorbei und danach jeweils wieder um einen Häuserblock.

Bald wurde klar, dass sie nicht nur an jedem Hauseingang vorbeiging, sondern ihr Weg tatsächlich eine gewisse Orientierungslosigkeit zu verraten schien. Ich entschied, dass diese Frau ins Bett gehörte und ich wohl oder übel diejenige war, der diese Aufgabe zufiel. Ich parkte das Auto in einer Seitenstrasse, stieg in die Kälte hinaus und ging auf die Dame zu. Die Luft war feucht und kalt, der Nebel dämpfte die Geräusche der Stadt und verpasste dem beinahe vollen Mond einen gespenstischen Hof. Die kleine, zierliche Frau bewegte sich langsam und gebeugt auf mich zu; da sie den Blick nach unten gerichtet hatte, sah ich ihr Gesicht nicht. Als sie fast auf meiner Höhe war, nahm ich meinen Mut zusammen und sprach sie an: „Guten Abend, darf ich fragen, wohin Sie gehen?"

Sie hielt unmittelbar vor mir, hob den Kopf und schaute mich mit halb blinden und leicht schielenden Augen grinsend an. Sie sagte kein Wort. Sie sah mich nur an und lächelte, als hätte sie mich längst erwartet. Unheimliche Stille überfiel mich, mich fröstelte, und auf einmal fuhr kein einziges Auto mehr vorbei, die Zeit blieb stehen, und sogar der blasse Mond versteckte sich plötzlich hinter einer Wolke. Einen Moment lang wusste ich nicht, ob ich auf sonderbare Weise in einen Albtraum katapultiert worden war – so beginnen Horrorfilme, gleich würde etwas überraschend Grausiges passieren. Die Frau könnte ein Beil zücken oder sich in einen Schwarm schwarzer Killerfliegen verwandeln, wegrennen wäre zwecklos, denn in einem Traum kommt man doch nie vom Fleck. Die Fliegen wären schneller und würden mich zerfleischen.

So ein Blödsinn, reiss dich zusammen!, dachte ich und versuchte, die lächerlichen Horrorbilder mit der Realität zu bekämpfen. „Wohin gehen Sie?", fragte ich erneut. „Sind Sie auf dem Heimweg?"

Plötzlich war ihre geistige Abwesenheit wie weggeblasen, und genau in dem Moment, als sie mich mit ihrer Antwort endlich erlöste, fuhren auch wieder Autos an uns vorbei, und der Mond zeigte sich wieder. Besser hätte man die Szene nicht choreografieren können.

„Ich gehe nach Hause", bestätigte sie lächelnd, als wäre dies ein freudiges Ereignis.

„Wo wohnen Sie denn?", fragte ich und vergewisserte mich mit einem Blick auf ihre Hände, dass sie kein Beil bei sich trug.

Sie überlegte lange und lachte ein wenig beschämt, der Name ihrer Strasse wollte ihr offenbar gerade nicht einfallen. Doch sie wohne weiter oben im Quartier, erklärte sie, worauf ich sämtliche Strassen aufzuzählen begann, die mir in dieser Region bekannt waren. Erst die letzte schien sie zu kennen, und sie begann zu strahlen, ja, in der Schillerstrasse, da wohne sie, verkündete sie stolz. Mit viel Einsatz konnte ich sie dazu überreden, sich von mir nach Hause fahren zu lassen, was sie ein wenig zögernd akzeptierte und sich dabei so herzlich bedankte, als wäre ich eine alte Freundin. Das Einsteigen erwies sich als Herausforderung, denn sie konnte sich kaum noch bewegen, so steif war sie. Ich drehte sie mit dem Rücken zum Auto, beugte sie leicht vornüber, hielt sie fest und hievte sie so auf den Sitz, danach winkelte ich ihre Beine an und drehte sie ins Auto. Ihre Zehen schauten aus den Hausschuhen hervor, und ihre hautfarbenen Nylonstrümpfe (hatte ich's doch gewusst) waren bei den Zehen bereits aufgerissen. Ich schnallte sie an, stieg ebenfalls ins Auto, und wir fuhren los. Den Weg schien sie zu meiner Überraschung nun ganz gut zu kennen, freundlich, aber bestimmt wies sie mich an jeder Kreuzung an, welche Strasse ich nehmen sollte. „Hier rechts. Da links. Jetzt rechts." Dunkle Häuser, in denen schon lange geschlafen wurde, zogen an uns vorüber, das kühle Licht der Strassenlaternen wurde vom nassen Asphalt glitzernd reflektiert und liess die Schatten noch dunkler erscheinen.
„Sagen Sie mal", fragte ich, „was machen Sie denn mitten in der Nacht und in dieser Kälte auf der Strasse?"
„Was?"
„Was machen Sie denn um diese Zeit auf der Strasse? Waren Sie im Ausgang?" Ich versuchte, mit Humor das Eis ein wenig zum Schmelzen zu bringen. Dabei war das gar nicht nötig, nur ich empfand ein leichtes Unbehagen, für sie schien alles in bester Ordnung zu sein. Sie sass da, als würde sie jede Nacht um diese Zeit und in dieser Kälte spazieren gehen, um danach von mir nach

Hause gebracht zu werden. Und da für sie diese Situation nichts Neues zu sein schien, war es sinnlos, meine Frage zu beantworten. Also schwieg sie.

„Waren Sie im Ausgang?", bohrte ich weiter.

Sie stiess ein kurzes, helles Lachen aus, und das war's dann auch schon. Ich gab mich geschlagen und fuhr schweigend weiter durch die Nacht.

„Jetzt rechts", überraschte sie mich, und ich gehorchte.

„Haben Sie nicht kalt?", fragte ich.

„Was?"

„Haben Sie nicht kalt?"

„..."

„Es ist sehr kalt diese Nacht. Sie tragen ja gar keine Handschuhe und keine Mütze."

„Wie?"

„Haben Sie nicht kalt?"

„Nein! Ich habe nicht kalt", erwiderte sie, als sei Hochsommer.

„So, ich drehe mal die Heizung schön auf. Wo waren Sie denn?"

Mit der in ihren Augen wohl sinnlosen Fragerei hatte ich einzig die Absicht, herauszufinden, wie lange sie bereits unterwegs war. Sie lächelte ruhig vor sich hin, doch ihre Körpersprache und ihr Gesichtsausdruck liessen erkennen, dass sie keine Ahnung hatte, wieso sie herumspazierte, und überhaupt, wieso Nacht war.

„Sind Sie aufgewacht und wollten ein wenig spazieren gehen?", fragte ich vorsichtig. Hätte sie diese Frage bejaht, wäre das, soviel ich wusste, ein Indiz für Demenz gewesen. Doch wäre sie dement, so wüsste sie ohnehin keine Antwort, also erneut eine sinnlose Frage.

Derweilen schwieg sie zufrieden und lächelte.

Wir erreichten die Schillerstrasse. Dunkle Einfamilienhäuser mit gepflegten Eingängen zogen an uns vorbei.

„So. Wir sind hier. Kennen Sie die Hausnummer?", fragte ich und realisierte gleichzeitig ernüchtert, dass in dieser dunklen Nacht keine einzige Hausnummer zu erkennen war.

„Wie?", fragte sie mich abwesend.

„Kennen Sie die Hausnummer?", fragte ich etwas lauter, als ob das ihren Geist wecken könnte.

Keine Antwort.

„Welches ist Ihr Haus? Erkennen Sie es?"

Wir fuhren langsam die Strasse entlang, und ich machte sie auf jedes Haus aufmerksam: „Ist es dieses Haus? Oder wohnen Sie hier? Kennen Sie diese Einfahrt?"

„Nein, hier ist es nicht, es ist in der Schillerstrasse."

„Das ist die Schillerstrasse", erklärte ich, am Ende der Strasse angelangt.

„Nein. Das ist nicht die Schillerstrasse. Die Schillerstrasse ist weiter oben", belehrte sie mich freundlich.

„Nein", erwiderte ich. „Weiter oben ist nur noch ein Fussweg."

„Nein, nein. Noch viel weiter oben." Sie blieb beharrlich.

„Noch weiter oben ist Wald", erklärte ich, wendete und fuhr die Strasse noch einmal ab. „Das hier ist die Schillerstrasse. Hier wohnen Sie doch? Schauen Sie sich gut um."

„Wie?"

„Hier wohnen Sie doch, in der Schillerstrasse?"

„Ja, in der Schillerstrasse."

„Eben. Das hier ist die Schillerstrasse. Kennen Sie diese Häuser?"

„Nein, nein. Weiter oben ist es", machte sie, zum ersten Mal leicht verärgert, als hätte sie mir das schon hundertmal erklärt und ich wäre schwer von Begriff.

„Weiter oben ist nur noch Wald. Hier ist die Schillerstrasse. Kommt Ihnen das bekannt vor?"

„Was?"

„Kommen Ihnen diese Häuser nicht bekannt vor?"

„Weiter oben."

Bevor man sich über eine absurde Situation zu ärgern beginnt, lohnt es sich, einmal tief durchzuatmen und sich einen Überblick über die Lage zu verschaffen. Es war nun 03.25 Uhr, und ich hatte eine wildfremde, alte Frau in meinem Auto sitzen, die sich anscheinend pudelwohl fühlte und ihr Haus nicht finden wollte. Dieser Überblick war dürftig.

Wie weiter? Das dunkle Quartier mit seinen stillen Häusern gähnte mich teilnahmslos durch die Windschutzscheibe an, und die Kälte drang trotz der Heizung ins Auto und kroch mir die Beine hoch. Ein strenger, unverwechselbarer Duft nach Urin stieg mir in die Nase. Nicht das auch noch, dachte ich und hoffte, dass ihre Blasenschwäche noch nicht allzu fortgeschritten war, und verliess mich optimistisch auf die gute Qualität ihres Wintermäntelchens, auf dem sie sass. Es blieb mir ja nichts anderes übrig. Ich nahm einen neuen Anlauf:

„Wie heissen Sie?"

„Wie?"

„Wie heissen Sie? Wie ist Ihr Name?"

„Ja. Hm ..." Sie dachte erfolglos nach. „Also gibt es das denn?"

„Es fällt Ihnen nicht ein?"

Sie lächelte mich ein wenig beschämt an.

„Kein Problem. Aber wenn ich Ihren Namen wüsste, könnte ich die Adresse schneller rausfinden." Sie lachte.

„Darf ich in Ihr Portemonnaie schauen? Dort steht vielleicht Ihr Name auf einem Ausweis."

Zögernd gab sie mir das Portemonnaie und beobachtete mich aufmerksam und äusserst skeptisch.

„Ich will kein Geld, keine Angst", versuchte ich sie zu beruhigen. „Ich will nur Ihren Ausweis sehen, damit wir herausfinden, wo Sie wohnen. Da haben wir ja was." Ich hielt einen Ausweis in den Händen, der das Foto einer älteren Dame zeigte. Trotz der Tatsache, dass alle Ausweisfotos einen um ein Vielfaches schlechter aussehen lassen als die ohnehin tiefen Erwartungen, die man an solche Bilder stellt, war auf ihrem Foto das Gesicht einer sehr hübschen, eleganten Frau mit klugem und wachem Blick zu sehen.

„Sie sind Frau Heidi Brunner. Nicht wahr?" Wir waren einen Schritt weiter.
Sie nickte erleichtert und strahlte über beide Ohren ob der freudigen Überraschung. Den Namen hatte sie offenbar schon einmal gehört. Das war ein Anfang.
„Sie heissen also Brunner. Ich glaube, ich kenne Ihren Sohn."
„Wie?"
„Ich glaube, ich kenne Ihren Sohn. Haben Sie einen Sohn?"
„Zwei. Ich habe zwei Söhne!"
„Ach so, zwei. Wie heissen denn die Söhne mit Vornamen?"
„Wie?"
„Wie heissen Ihre Söhne mit Vornamen. Ich könnte sie anrufen."
„Zwei Söhne habe ich!"
„Ja genau. Und wie heissen die?"
„Ehm ... aha, ja", studierte sie. „Ich kann es gerade nicht sagen."
„Vielleicht fällt es Ihnen wieder ein. Wir wissen ja nun schon mal, wie Sie heissen, dann finden wir auch heraus, wo Sie wohnen."
„Wie?"
„Wir zwei finden für Sie heute noch ein warmes Bett, ist das gut?"
Sie nickte und lächelte wieder zufrieden.
Wie gewöhnlich hatte mein Handy, das zum Zeitpunkt dieser Geschichte noch Natel hiess und so dick war wie ein Brillenetui, fast keinen Akku mehr. Ich hatte auch kein Kabel dabei, um es aufzuladen. Smartphones waren noch nicht erfunden, man verwendete damals diese Geräte tatsächlich noch zum Telefonieren, und das musste ich nun auch tun, trotz des fast leeren Akkus. Ich wagte es, die Auskunft anzurufen, um über meine so fröhliche Beifahrerin etwas herauszufinden. Eine weibliche Stimme meldete sich prompt und warf mich sogleich aus der bereits genügend kuriosen Situation in einen anderen Film. Ich sah diese junge Frau bildlich vor mir, in einem wunderbar aufgeheizten Büro, wahrscheinlich mit einer Tasse dampfenden Kaffees und angeschnalltem Headset, leicht gelangweilt am Bildschirm sitzen.

„Auskunft – Bettina Meier."

„Grüezi. Ich möchte wissen, wo eine Frau Heidi B r u n n e r in Olten wohnt."

Nach einer kurzen Pause meldete sie sich: „Heidi hab ich nicht."

Das hatte ich mir gedacht, eine alte Frau war selten unter ihrem früheren Namen eingetragen. Aber vielleicht war der verstorbene Ehemann eingetragen oder der Sohn, von dem sie nicht wusste, wie er mit Vornamen hiess. Also fragte ich weiter: „Gibt es einen anderen Brunner? An der Schillerstrasse vielleicht?"

„Wen suchen Sie denn?"

„Eben eine Heidi. Aber vielleicht ist ja noch der Name ihres Mannes eingetragen. Was haben Sie denn da?"

„Ich kann Ihnen nicht alle geben."

„Natürlich. Ich will ja auch nicht die Nummern von allen Brunners, sondern ich suche eine bestimmte Adresse. Können Sie mir sagen, wie die eingetragenen Brunners mit Vornamen heissen und wo die wohnen?"

Etwas genervt durch die nicht standardmässige Frage, zählte sie alle möglichen Brunners mit deren Adresse in extra hohem Tempo auf, sodass ihr zu folgen unmöglich war. Doch zumindest ein männlicher Vorname an einer nahe gelegenen Strasse war knapp an mir hängen geblieben:

„Haben Sie Bleichestrasse gesagt?"

„Die Nummer kommt ab Band."

„Nein! Stop!", rief ich ins Telefon. „Waren da zwei Brunner an der Bleichestrasse?"

„Paul und Giselle."

Zu Frau Brunner: „Heisst Ihr Sohn Paul?"

„Hä?"

„Heisst Ihr Sohn Paul?", hakte ich nach.

„Ehm, he, ehm... Fällt mir jetzt gerade nicht ein", entschuldigte sie sich lächelnd.

„Nummer kommt ab Band", versuchte mich die Auskunftsdame

wieder loszuwerden, ihr war offenbar nicht nach Konversation.
„Nein, Moment bitte", bat ich erneut.
„Ich darf nur eine Nummer rausgeben." klärte sie mich auf.
„Natürlich, das verstehe ich. Hören Sie, es ist bald 4 Uhr, und ich sitze im Auto mit einer fremden Frau, die nicht weiss, wer sie ist und wo sie wohnt. Sie könnten uns helfen. Ich sollte …"
„Das ist nicht erlaubt", unterbrach sie mich. „Ich habe Ihnen nun schon zwei Telefonnummern per SMS geschickt!"
„Die ich gar nicht gebrauchen kann und auch nicht verlangt habe!", wehrte ich mich, allmählich ein wenig ungeduldig. „Ich brauche …"
„Ich kann Ihnen nicht mehr Auskunft geben, das ist gegen die Vorschrift", unterbrach sie mich erneut.
„Helfen ist also gegen die Vorschrift!", ärgerte ich mich.
„Sie müssen noch einmal anrufen!"
„Hören Sie …", wagte ich einen sanften Neuanfang.
„Das geht nicht. Sie müssen wieder anrufen!"
„Ich rufe Sie bestimmt nicht noch einmal an!", rief ich ins Telefon und legte auf. Gerne hätte ich der Auskunftsfrau in einer Standpauke das Leben erklärt und allen anderen, die an Frau Brunner an diesem Abend vorbeigefahren waren, gleich dazu. Herrgott noch mal, wieso gibt es so viele Ignoranten auf dieser Welt?! Die alte Frau schien meinen Ärger überhaupt nicht mitbekommen zu haben, sie sass ruhig und zufrieden neben mir und lächelte die dunkle Nacht an.

Einatmen, Gedanken sammeln. Es war nun 03.50 und -3 Grad. Eine alte, verwirrte und mir unbekannte Frau namens Brunner sass in meinem Auto, ich fror bis auf die Knochen, meine Beine und Füsse und ich waren müde, ganz im Gegensatz zu Frau Brunner, die nach wie vor topfit zu sein schien. Sie war nicht im Telefonbuch aufgeführt, die Frage war, weshalb. Wohnte sie vielleicht gar nicht mehr in einem Haus? Schon zwei Monate zuvor hatte ich eine alte Frau angetroffen, die nicht wusste, wo sie

wohnte, doch dies war wenigstens tagsüber bei angenehmerem Klima. Jene Dame hatte behauptet, an einer Strasse zu wohnen, die es in unserer Stadt gar nicht gab. Wir fanden dann ihr aktuelles Zuhause im nahe gelegenen Altersheim, wo man sie bereits vermisste. Meine neue Destination war gefunden.
Wir fuhren die Schillerstrasse und die Gartenstrasse entlang Richtung Altersheim.
„Kommt Ihnen diese Strasse bekannt vor?"
„Nein. Sie müssen wenden. Das ist nicht die Schillerstrasse."
„Ich weiss. Das ist die Gartenstrasse. Und da vorne ist ein Altersheim."
„Ja. Ein Altersheim ist auch in der Nähe. Aber das ist nicht die Schillerstrasse."
„Nein, das ist die Gartenstrasse. Wohnen Sie vielleicht im Altersheim?"
Meine Frage wurde ignoriert.
„Vielleicht haben Sie einmal an der Schillerstrasse gewohnt, wohnen nun aber im Altersheim", erklärte ich weiter, während ich gleichzeitig registrierte, dass im Altersheim kein Licht leuchtete und Frau Brunner sich hier tatsächlich nicht auszukennen schien. Ich fuhr also weiter.
„Jetzt links. Da geht's zur Schillerstrasse", erklärte sie mir.
„Da waren wir aber schon, und Ihr Haus haben wir nicht gefunden."
„Wie?"
„Wir haben die Schillerstrasse schon zweimal abgefahren. Wir müssen weitersuchen", entschied ich und fuhr automatisch in die Stadt zurück. Der Geruch der Frau wurde immer strenger, und ich bereute es, sie nicht von Anfang an auf eine Decke gesetzt zu haben, um den Autositz zu schonen.
„Also, hier unten ist es nicht!", intervenierte Frau Brunner.
„Ich weiss. Aber Sie waren dort unten unterwegs. Wo waren Sie eigentlich?" Eine überflüssige Frage, denn das wusste sie ja selber

nicht. „Wir fahren jetzt zu einem Ort, wo man uns vielleicht weiterhelfen kann."
„Wie?"
„Wir suchen weiter und kommen bestimmt noch nach Hause heute." Irgendwann.
Da ich die Frau in der Stadt unten aufgelesen hatte, gehörte sie möglicherweise gar nicht ins Quartier, sondern wohnte vielleicht im Demenz-Zentrum, das sich in der Stadt befand, kombinierte ich und fuhr langsam stadtwärts Richtung neuer Destination. Dort angelangt, sah ich im Eingangsbereich sanftes Licht brennen, was einen ebenso spärlichen Hoffnungsschimmer in mir aufsteigen liess. Ich parkte vor dem Eingang und redete der Frau gut zu:
„Frau Brunner. Ich gehe nun hier jemanden fragen, was wir tun sollen. Sie bleiben im Auto sitzen, ist das in Ordnung?"
„Wie?"
„Ich bin gleich zurück. Sie bleiben im Auto, einverstanden?"
Sie lächelte.
„Sie steigen nicht aus, es ist zu kalt. Ich bin gleich zurück."
„Nein, nein, ich steige nicht aus." Sie lachte.
„Gut so."
Ich klingelte dreimal und wartete händereibend und vom einen steif gefrorenen Fuss auf den anderen tänzelnd auf Erlösung. Nach einer gefühlten Ewigkeit schauten zwei nette Frauen verwundert um die Ecke und öffneten die Tür. Sie hörten mir zu, blickten kurz ins Auto, kannten aber meine nette Begleiterin leider auch nicht. Doch ich solle doch noch beim anderen nahe gelegenen Altersheim nachfragen, rieten sie mir, vielleicht kenne dort jemand diese Frau. So bedankte ich mich und stieg wieder ins Auto zu meiner Freundin, die mich lächelnd empfing.
Während wir zum nächsten Altersheim fuhren, wollte ich die Heizung noch wärmer stellen, um meine Füsse aufzutauen, doch sie lief bereits auf der höchsten Stufe. Im nächsten Heim dieselbe

Prozedur: warten, frieren, reden, einsteigen. Frau Brunner erwartete mich wie immer mit einem Lächeln.
„So, Frau Brunner. Niemand weiss, wo Sie wohnen. Wir fahren jetzt zur Polizei. Vielleicht können die helfen", entschied ich.
„Wie?"
„Wir suchen weiter. Wir brauchen ein warmes Bett für Sie."
„Ja. Hehe."
Dieser Geruch.
„Haben Sie warm?"
„Wie?"
„Haben Sie warm?"
„Ich habe nicht kalt."
„Dann ist ja gut. Müssen Sie auf die Toilette?"
„Ich? Neein."
Natürlich nicht.
Bei der Polizei dasselbe: „Ich steige nun wieder aus. Sie bleiben schön sitzen. In Ordnung?"
„Ja, ja."
„Nicht aussteigen", mahnte ich noch einmal.
„Ja, ja." Welche Frohnatur! Ich begann sie zu mögen.
Dein Freund und Helfer, unser erster Erfolg. Die Polizistin, die meiner Geschichte aufmerksam und verwundert gelauscht hatte, fand ohne grossen Aufwand die Adresse von Frau Brunner in der Datenbank der Einwohnerkontrolle. Sie wohnte tatsächlich noch an der Schillerstrasse, Hausnummer 27. Über diese freudige Tatsache waren wir beide, vor allem ich, in solchem Masse erfreut, dass spontan entschieden wurde, der Fall könne zu den Akten gelegt und Frau Brunner nach Hause gefahren werden. Doch so einfach liess ich mich dann doch nicht abservieren, das wäre zu einfach gewesen. Was, wenn etwas schieflaufen würde? Wir hatten mittlerweile 04.20, und ich wollte endlich nach Hause. Auf mein Bitten hin war ein junger Polizist bereit, uns zu begleiten. Wir gingen also zusammen zum Auto, wo uns Frau Brunner lächelnd

empfing. Ich nahm einen Kindersitz raus, entrümpelte die Rückbank, um dem Polizisten Platz zu schaffen, und wir fuhren los.
04.25. Ich fuhr im Auto durch die Nacht. Rechts von mir eine mir unbekannte, alte Frau und hinter mir ein Polizist.
„Sind Sie schon lange unterwegs?", fragt der junge Polizist Frau Brunner.
Keine Antwort.
„Ich glaube, ich habe Sie schon einmal gesehen heute Nacht. So um 21.30 Uhr. Ist das möglich?"
„…"
Überrascht antwortete ich: „Dann wäre sie ja seit sieben Stunden unterwegs! Kein Wunder, ist sie so steif, sie müsste doch längst durchgefroren und erschöpft sein! Oder sie war zwischendurch mal zu Hause."
„Hier rechts", begann sich mein sympathisches Navigationssystem auf dem Beifahrersitz wieder zu melden. Da war sie sicher und präzise, da konnte man nichts sagen.
„Ja, Frau Brunner. Ich weiss, wo es langgeht. Wir fahren nun zu Ihnen, wir wissen jetzt, wo Sie wohnen", sagte ich und dachte an meinen Autositz. Würde ich das wieder rausbringen?
„Wo waren Sie denn um diese Zeit?", fragte der Polizist die alte Frau.
„Da vorne links", kickte sie ihn sofort wieder aus dem Gespräch.
„Genau. Wir waren ja schon mal da, vorhin. Aber da haben Sie das Haus nicht erkannt. Haben Sie einen Schlüssel?"
„Wie?"
„Haben Sie einen Hausschlüssel?"
„Ja, im Portemonnaie. Vielleicht." Sie öffnete das Portemonnaie. Ich schielte rasch zu ihr rüber und sah, dass sich dort nur ein wenig Kleingeld befand, aber kein Schlüssel.
„Da ist kein Schlüssel drin. Ist er im Mantelsack?", fragte ich.
„Wie?"
Wir erreichten die Schillerstrasse und fanden das Haus Nummer

27 auf Anhieb. Hier waren wir schon einmal vor einiger Zeit.
„Hier wohnen Sie, Frau Brunner. Stimmt das?"
„Es ist weiter oben."
„Nein, das ist Ihr Haus. Glauben Sie mir."
„Hm."
„Hier wohnen Sie. Bald sind Sie im warmen Bett. Haben Sie im Mantel einen Schlüssel?" Ich begann ihre rechte Manteltasche zu durchsuchen, doch die war leer, und die linke Tasche war leider unerreichbar, da die fröhliche Frau drauf sass und ich wegen des strengen Geruchs dort nun nicht unbedingt hinlangen wollte.

Der Polizist und ich stiegen aus dem Auto, und ich half Frau Brunner auf die Beine. Das Haus sah gepflegt und auch bewohnt aus. Meine erste Hoffnung, die Türe wäre unverschlossen, bestätigte sich leider nicht, und so standen wir nun vor einer dunklen, massiven und ausladenden Holztüre; schon ihr Aussehen manifestierte, dass es hier kein Reinkommen geben konnte. Frau Brunner suchte zum fünften Mal im Portemonnaie nach dem Schlüssel, und ich tastete ihre linke Manteltasche ab, doch auch die war leer. Der Polizist schlich derweil mit der Taschenlampe um das Haus.

„Haben Sie irgendwo einen Schlüssel versteckt?", fragte ich und tänzelte wieder in der Kälte auf und ab, meine leichte Arbeitsbekleidung war eindeutig zu dünn für eine Winternacht im Freien.
„Wie?"
„Haben Sie irgendwo einen Schlüssel versteckt?"
„Die Türe ist zu", antwortete sie.
„Ja, die ist zu. Und wir haben keinen Schlüssel."
Frau Brunner schaute sicherheitshalber noch einmal im Portemonnaie nach.
Der Polizist kam entmutigt zurück.
„War nirgends eine offene Tür? Oder ein gekipptes Fenster?", fragte ich. Er verneinte.
„Wenn irgendwo ein Fenster gekippt wäre, könnte man ja ein-

brechen." So meine glorreiche Idee. „Das könnten Sie doch, oder nicht? Ich dürfte das ja nicht, aber Sie als Polizist vielleicht schon." Doch er meinte, auch ein Polizist dürfe nirgends einbrechen, was ich natürlich verstand, wenn auch widerwillig.

Frau Brunner rüttelte an der Türe. „Es ist zu."

„Ja, die Türe ist verschlossen", bestätigte ich.

„Können Sie da nicht aufmachen?", fragte auch sie nun den Polizisten.

„Wir haben ja keinen Schlüssel", erklärte er.

„Sie sind doch gross und kräftig genug", sagte sie zum Polizisten. „Da könnte man doch anständig eins dranhauen, dann ginge die schon auf!" Die zierliche Frau Brunner war erstaunlich kreativ in der Lösungsfindung und noch dreister als ich mit meiner Einbruchsvariante.

„Nein. Diese Türe ist wie aus Beton, da geht gar nichts", erwiderte der junge Polizist und schaute mich erstaunt an. Ich war so dankbar für seine Hilfe, er wurde zu meinem Verbündeten. Während er wieder mit dem Polizeiposten telefonierte, um etwas über die Familie von Frau Brunner herauszufinden, kümmerte ich mich um die zierliche alte Frau, die auf irgendetwas zu warten schien, ohne genau zu wissen, worauf.

„Haben Sie nicht kalt?", fragte ich erneut.

„Die Türe ist zu", antwortete sie.

„Ja, und wir haben keinen Schlüssel. Wir steigen lieber wieder ins warme Auto."

Einsteigen wollte sie nicht, denn sie hatte ja auch nicht kalt. Sie schaute lieber noch einmal im Portemonnaie nach. Es war mittlerweile 04.50 Uhr und -4° Grad.

Auf dem Polizeiposten hatte man auch nichts Neues in Erfahrung bringen können, und ich verspürte das dringende Bedürfnis, diese Geschichte endlich zu einem Ende zu bringen. „So. Das reicht nun", sagte ich in die Runde. „Ich schlage vor, wir fahren zum Altersheim und besorgen der Frau eine Notunterkunft für

die Nacht. Und morgen sehen wir weiter."
Der Polizist war sofort einverstanden. Frau Brunner verstand zwar nicht genau, worum es ging, liess sich aber diskussionslos zum Auto geleiten. Ich nahm noch schnell die Decke aus dem Kofferraum und legte sie auf den Beifahrersitz, bevor ich Frau Brunner, unter denselben Komplikationen wie zuvor, ins Auto hievte. Und wieder fuhren wir zu dritt durch die Nacht. Die alte Frau, mein Polizist und ich.

Die Fahrt war kurz und stumm. Wir hielten vor jenem Altersheim, bei dem wir vor mehr als einer Stunde als Erstes angehalten hatten, um etwas über die nette Frau herauszufinden. Unser Polizist ging sofort zum Haupteingang, um zu klingeln, und ich redete unterdessen auf unsere etwas verwirrte Freundin ein.
„Frau Brunner. Wir haben zwar Ihr Haus gefunden, können aber nicht rein."
„Ja?"
„Sie brauchen einen warmen Tee und ein Bett."
„Ja, wir gehen heim."
„Nein, das können wir ja nicht. Ohne Schlüssel."
„Wie?"
„Wir können nicht in Ihr Haus. Da können Sie heute nicht schlafen. Wir brauchen ein anderes Bett für diese Nacht. Eine Art Hotelzimmer. Ist das in Ordnung?"
Mit dem Hotelzimmer hatte ich offenbar die richtige Wortwahl getroffen, denn sie war mehr als einverstanden und strahlte über das ganze Gesicht.
Die Beifahrertür wurde von aussen geöffnet, und eine flinke Dame mit weisser Schäube bückte sich zu uns. „Grüezi! Wollen Sie diese Nacht ein wenig zu uns kommen?", fragte die Frau, ohne dass es nach einer Frage klang, freundlich, aber bestimmt. „Kommen Sie doch an die Wärme!" Und wie sie dies sagte, packte sie die alte Dame bereits unter der Schulter und hob sie aus dem Auto. Diese Worte und ihr entschlossenes Handeln tauten mein Herz und den

Rest des Körpers augenblicklich auf magische Art auf.

Um 05.00 schien also ein Ende unserer nächtlichen Odyssee in greifbarer Nähe zu sein. Als wir in die leere Eingangshalle traten, strömte uns eine wunderbare Wärme entgegen und hüllte uns ein. Die Pflegerin hatte bei Frau Brunner eingehakt und führte sie erst in ein Treppenhaus und dann einen Gang entlang. Mit steifem Schritt und schmerzenden Füssen trottete ich hinterher, bis ich realisierte, dass ich etwa zur selben Tageszeit vor 12 Jahren bereits einmal dort gewesen war. Damals war ich zum Zimmer meiner Grossmutter gelaufen, welche gerade für immer eingeschlafen war. Und genau an dieser Tür kamen wir nun vorbei. Die Erinnerung liess mich innehalten, ich fühlte mich Jahre zurückversetzt und sah mich dort drin, wie ich noch eine Weile an ihrem Bett sass und weinte. Ich spürte, wie sie den Raum füllte, und blieb so lange im Zimmer und sprach mit ihr, bis sie ganz weg war, ein seltsames und prägendes Erlebnis, damals wie jetzt, als mir all diese Erinnerungen wieder durch den Kopf gingen, während ich diese Türe anstarrte. In diesem Zimmer starb meine Grossmutter. Diejenige mit den hautfarbenen Nylonstrümpfen.

Meine Gedanken kamen zurück ins Hier und Jetzt, die Gruppe war schon fast am Ende des Ganges, und ich holte sie schnell wieder ein. Wir erreichten einen kleinen Aufenthaltsraum, in dem es sich offenbar die Nachtwache gemütlich gemacht hatte. Der Anblick dieses wahrhaftigen „Grossmütterchen-Wohnzimmers" liess mich frohlocken und hatte ich überhaupt nicht erwartet. Zwei verschiedene alte Sofas mit leicht abgetragenen Blumenmusterbezügen und zwei wiederum verschieden gemusterte Ohrensessel, die ausgestattet waren mit gehäkelten Kissen und Decken, luden ein. Auf einem kleinen, niedrigen Holztisch mit gedrechselten Beinen stand eine Schale mit Nüssen, Orangen, Schokolade und Lebkuchen. Es roch nach Weihnachten!

05.10. Ich sass in einem Altersheim auf einem geblümten Sofa, trank Pfefferminztee und knabberte an einem Lebkuchen. Zu meiner Rechten auf demselben Sofa sass eine alte Frau im roten Mantel mit einer Bettflasche an den Füssen und zu meiner Linken in einem alten, geblümten Ohrensessel ein Polizist in Uniform, in der einen Hand eine mit Rosen bemalte Tasse und in der anderen ebenfalls ein Stück Kuchen. Wir sassen beisammen wie eine kleine Familie in der Stube, plauderten und lachten über das Erlebte. Die Szene war absurd.

Eine zweite Pflegerin war da, und beide kümmerten sich rührend um Frau Brunner, welche dank Bettflasche und Tee langsam aufzutauen schien. Erst jetzt hatte sie realisiert, dass es auch angenehmere Temperaturen gab. Eine Pflegerin schaute mich unvermittelt ernst und besorgt an.

„Sie hat die Kälte gar nicht mehr gespürt. Das hätte böse enden können."

Ja, das war mir klar. Wir einigten uns darauf, dass sie für die restliche Nacht hierbleiben durfte, hier war sie in guten Händen, und für den Polizisten und mich bestand die Chance, doch noch nach Hause zu kommen.

„Gut. Dann gehen wir mal", sagte ich und stand auf.

Frau Brunner stimmte mir zu und erhob sich ebenfalls: „Ja gut, gehen wir heim."

„Nein, Frau Brunner", erklärte ich, und wir setzten uns wieder.

„Sie können noch nicht gehen. Sie brauchen ein Bett."

„Ja, ins Bett. Jetzt gehen wir nach Hause."

„Das geht eben nicht. Wir haben ja keinen Schlüssel."

„Aber sicher habe ich den Schlüssel!"

„Wo denn?"

„Im Portemonnaie."

„Nein, eben nicht, da haben wir schon einmal nachgeschaut", und hängte augenzwinkernd Richtung Polizist an, „glaube ich."

Der Polizist unterstützte mich: „Sie können heute Nacht hier schlafen, hier haben Sie warm und man kümmert sich gut um Sie."

Doch das begeisterte Frau Brunner überhaupt nicht. Die Pflegerin schien dies besser angehen zu können als wir, und Frau Brunner beruhigte sich. Sie war eine wahre Frohnatur, schnell hatte sie sich an die neue Ansprechperson gewöhnt.

Ich verabschiedete mich von den Pflegerinnen, dankte für den wunderbaren Tee und drückte meiner Freundin herzlich die Hand. „Geniessen Sie die Wärme hier. Und morgen gehen Sie heim, und ich werde Sie besuchen und fragen, wie es Ihnen geht. Ist das gut?"

„Ja, ja", lachte sie mich an.

„Das ist wunderbar. Dann bis bald!", freute ich mich und schaute zum Polizisten, der geduldig neben dem Sofa stand und bereit war, zu gehen. Frau Brunner war sofort wieder in ein Gespräch mit der Pflegerin vertieft; ich erkannte die Chance und gab dem Polizisten mit einem Nicken ein Zeichen, dass jetzt der geeignete Moment war, um abzuhauen. Diese Aktion hatte etwas Verschworenes und Verkehrtes an sich – ich stahl mich davon, zusammen mit einem Polizisten! Ich fuhr ihn zurück zum Polizeiposten, bedankte mich noch einmal herzlich für die Unterstützung und fuhr endlich nach Hause. 06.10 Uhr. Ich war noch immer durchgefroren und schlüpfte dick angezogen mit einer Bettflasche im Arm unter die Decke. Die letzten Gedanken, bevor mir die Augen zufielen, kreisten um die Frage, was geschehen wäre, wenn ich Frau Brunner nicht zu mir ins Auto gesetzt hätte. Ich fahre doch so oft nachts an irgendwelchen Leuten vorbei, ohne einen Gedanken daran zu verschwenden, woher sie kommen und wohin sie gehen. Wieso habe ich es dieses Mal getan? Wieso war sie mir aufgefallen?

Wer weiss, vielleicht war es nur die 50er-Jahre-Mode, die meine Aufmerksamkeit geweckt hatte. Vielleicht haben ihr die hautfarbenen Nylonstrümpfe sogar das Leben gerettet?

Viel Wind um nichts

Sonntag, später Vormittag, ich war endlich wieder einmal ausgeschlafen. Ein prächtiger Sommertag ohne Arbeit lag vor mir. Ich sass daheim im Schatten auf der Terrasse, las Zeitung, trank Kaffee, lauschte dem Vogelgezwitscher und genoss den so seltenen Luxus, in Zeit zu baden.

Irgendwann gegen Mittag erschreckte mich ein lautes „flopp" der Sonnenstore, die durch eine Windbö ruckartig aufgezogen und zurückgeschleudert wurde, dabei wehte es mir gleichzeitig die Zeitung vom Tisch. Es folgte eine klassische Kettenreaktion: Ich versuchte, die restlichen Zeitungsbünde zurückzuhalten, kippte dabei die Wasserflasche um, und beim Versuch, diese aufzufangen, stiess ich auch noch die Kaffeetasse vom Unterteller. Alles ergoss sich auf mein Buch, über den Tisch und von da aus zwischen den Holzlatten auf den Boden, auf meine Schuhe. Innerhalb von 3 Sekunden war ein perfektes Chaos angerichtet. Während ich den noch trockenen Papierhaufen ins Haus brachte, knallte ein Windstoss die Küchentüre zu. Da schien offenbar ein Sommersturm im Anmarsch zu sein, es war Zeit, ein paar Fenster zu schliessen. Zuerst aber wollte ich noch andere lose Gegenstände von der Terrasse reinholen – da flog mir schon der Sonnenschirm vor die Füsse, und der Vorhang, den es ins Esszimmer wehte, hüllte den Esstisch samt Stühlen und Obstschale ein.

Schluss mit der Ruhe. Ich holte alles rein, kurbelte die Sonnenstore hoch, schloss alle Fenster, holte die Hängematte aus dem Garten, rannte der Giesskanne hinterher und brachte alles, was nicht niet- und nagelfest war, in Sicherheit. Ich wollte mich gerade gemütlich in der Küche hinsetzen, als mir das Bild von unserer ausgefahrenen Sonnenstore im Restaurant durch den Kopf fuhr.

An heissen Sonntagen liessen wir sie meist draussen, damit die Sonne nicht den ganzen Tag durch die Fensterfront schien. Westwärts ausgerichtet, war die Store besonders stark dem Wind ausgesetzt. Ich haderte noch ein wenig, doch es gab keine Alternative, ich musste hinfahren, sie hatte zu viel Geld gekostet, optimistische Wetterspekulationen waren fehl am Platz. Widerwillig streifte ich mir Flipflops über und verliess, noch ungekämmt, in T-Shirt und kurzer Jeanshose (die ich in der Regel nur für Gartenarbeiten trage, wo ich hinter Gebüschen versteckt bin) das Haus. Für die Sonnenstore brauchte ich mich ja nicht schön zu machen. Auf dem Weg zum Parkplatz staunte ich ob der Ruhe, die plötzlich wieder herrschte, eine Hummel flog haarscharf an mir vorbei, und es war praktisch windstill. Der Blick nach Westen offenbarte aber eine apokalyptisch dunkle Gewitterfront. Aufgrund meiner Erfahrungen mit den lokalen Wetterkapriolen rechnete ich mit 15 Minuten bis zum Spektakel. Ich schnappte mir mein Fahrrad und radelte los. Talwärts wich ich einer vorbeiwehenden Kartonschachtel aus. Die Böen hatten wieder eingesetzt.

Unsere Sonnenstore im Restaurant war neu, schön und teuer, mit elegantem Alurahmen und Fernbedienung ausgestattet. Sehr praktisch im Vergleich zur alten, massiven Store. Diese musste man noch mithilfe einer alten Kurbel mit Holzgriff und vollem Köpereinsatz schweisstreibend reinkurbeln. Doch das alte Ungetüm hatte jeder Bö standgehalten und die Gäste vor Platzregen, Hagel und Windstössen zuverlässig geschützt. Das war nun anders. Wir mussten die neue Store vor Unwettern schützen, nicht umgekehrt, vor allem bei Westwind, der wie jetzt die Terrasse frontal erfasste.

Beim Restaurant angekommen, stellte ich das Fahrrad zwischen die Gartentische, öffnete die Tür und wurde automatisch vom Wind hineingeschoben. Mit einer Hand bediente ich die Alarmanlage, mit der anderen schnappte ich die Fernbedienung der Store und drückte auf den Knopf. Doch da tat sich nichts, die

Store bewegte sich keinen Zentimeter. Der Mechanismus schaltete sich womöglich wegen des starken Windes automatisch aus. Toll. Ich sehnte mich nach der alten Kurbel. Ich drückte unaufhörlich, und nur alle paar Mal bewegte sich die Store eine Handbreit nach oben. Mehr war da offenbar nicht zu machen, so liess ich es vorerst bleiben, denn ich hatte ja noch die Ostseite, um die ich mich kümmern musste. Dort, auf der Rückseite des Hauses, zeigte die breite Fensterfront des Saals auf den tiefer gelegenen Innenhof, und die Fenster waren mit einer Senkrechtmarkise ausgestattet, einer Sonnenstore also, die senkrecht der Fassade entlang in Schienen nach oben oder unten gefahren werden konnte. Sofern es windstill war. Denn auch hier tat sich jetzt gar nichts.

Ich stellte mich in die Mitte des Restaurants mit beiden Fernbedienungen in den Händen und wartete auf weniger Wind. Zwischen den einzelnen Böen bewegte sich die terrassenseitige Store ein wenig, es brauchte zwar Geduld, aber nach zehn Minuten war sie endlich eingezogen und in Sicherheit. Die senkrechte Store auf der Innenhofseite reagierte hingegen überhaupt nicht. Obwohl der Wind von Westen her über uns hinwegfegte, blies er zu meiner Überraschung das Tuch samt seinem abschliessenden Rohr an der Ostfassade mit einem lauten „flopp" alle paar Sekunden wie ein Segel auf und liess die Halterungen der Rohre in den Führungsschienen ächzen.

Was tun? Die Fernbedienung konnte ich vergessen, doch die Store einfach so lassen wollte ich auch nicht, die Böen waren so stark, dass entweder die Halterungen oder die Führungsschienen dieser Kraft nicht über längere Zeit würden standhalten können. Und wie ich noch überlegte, geschah genau das, was ich befürchtet hatte: die rechte Seite des Rohrs löste sich aus der senkrechten Führungsschiene.

Der Wind blies das Tuch augenblicklich auf, und die rechte Seite des vier Meter langen Rohrs wurde ebenfalls in die Höhe gehoben. Es war nur eine Frage der Zeit, bis sich auch die linke

Seite losreissen würde. Ich musste das Ganze fixieren. Ich eilte durch den Saal, räumte erst einmal die grosszügige Dekoration auf dem breiten Fenstersims weg, verschob zwei Tische samt Stühlen und zog die Vorhänge hoch, um das grosse Fenster öffnen zu können.

Währenddessen floppte die Store unaufhörlich, und jedes Mal, wenn sie zum Fenster zurückflog, schlug das Rohr mit einem beängstigenden Knall auf der Führungsschiene auf. Ich kniete auf die Fensterbank, und wie die Store abermals zurückfiel, konnte ich sie auffangen und festhalten.

Und jetzt? Ich konnte ja nicht den ganzen Tag hier knien. Der Himmel hatte sich mittlerweile gespenstisch verdunkelt, die Wolken schlossen alle Lücken. Am offenen Fenster hörte ich Geräusche von fallenden Gegenständen in der Nachbarschaft, und ein langes Donnergrollen bebte durch die Stadt. Die Kraft des Windes war so stark, dass ich das Rohr mit beiden Händen festklammern musste und es nur mit grosser Mühe halten konnte. Durch das nun offene Fenster entstand zudem ein starker Durchzug, sodass die Eingangstüre, welche auf die Terrasse führte, von selber aufflog und einer Wolke aus Laub und Strassenstaub den Weg in unser Restaurant frei gab.

Ich wartete das Ende der Windbö ab, liess dann die Stange los und rannte, so schnell ich konnte, in die Küche, suchte dort den Bindfaden, holte beim Buffet eine Schere, rannte zur Eingangstüre, um sie richtig abzuschliessen, und stürzte zurück in den Saal. Da riss der Sturm gerade auch das linke Ende der Store aus der Halterung. Das gesamte Segel wurde nun angehoben, und die Stange flog fünf Meter in die Höhe. Genau das hatte ich ja zu verhindern versucht! In der Luft drehte sich das Tuch ab, und sein Rohr flog wie ein Speer gerade auf die Fenster zu. Mir stockte der Atem. Sollte das Fallrohr ein Fenster treffen, dann würden hier gleich tausend Splitter durch den Saal fliegen.

Und schon knallte es. Glücklicherweise wurde der Fensterrahmen getroffen, doch es war nur eine Frage von wenigen Zentimetern. Ich bekam die Store gerade noch zu fassen, bevor sie wieder weggeweht wurde, hielt sie mit aller Kraft fest und wartete auf eine Eingebung.

Da klingelte mein Handy. Das war vielleicht die erhoffte Hilfe, ich klemmte es zwischen Schulter und Ohr und hielt weiterhin die Store fest.

„Hallo?" Es war die Stimme meines Exmanns, das war gut.
„Wir fahren nun zurück", sagte er entspannt.
„Hallo, gut, rufst du an. Ich brauche Hilfe."
„Wieso denn?"
„Die Store im Saal ist vom Wind aus der Verankerung gerissen! Seid ihr erst abgefahren oder schon bald da?"
„Was machst du denn im Restaurant?"
„Ich bin hingefahren wegen dem Sturm, um die Storen einzuziehen."
„Hier haben wir keinen Wind. Stahlblauer Himmel."
„Wie?! Hier zieht ein mächtiges Gewitter auf, so starke Windböen habe ich noch nie erlebt! Ich kann die Store kaum halten. Was soll ich tun?! Wann seid ihr hier?" Staub flog mir in die Augen, und ich kämpfte mit aller Kraft gegen den Luftzug unter dem Segel.
„Wir sind erst abgefahren, es dauert sicher noch zwanzig Minuten. Lass sie doch einfach, wir können ja morgen jemanden anrufen, der sie repariert."
„Das müssen wir sowieso. Aber ich kann sie jetzt nicht so lassen, der Wind bläst sie auf, und die Stange droht die Fenster zu zerschmettern!"
„Das wird schon nicht passieren."
„Doch! Die ist vorher mit so enormer Wucht gegen den Fensterrahmen geknallt, das kannst du dir nicht vorstellen!"
„Kannst du sie nicht einhängen?"
„Nein, die Halterung ist abgebrochen. Ich versuche sie nun irgendwie so gut es geht anzubinden, es geht nicht anders."

„Mit Schnur?"
„Mit Bindfaden!"
„Weisst du, wo der ist?"
„Schon gefunden."
„Den musst du doppelt nehmen."
„Nein, vierfach, glaub mir!"
„Also, hier ist es schön."
Da rief unsere Tochter: „Mami, weisst du, was ich heute gemacht habe?"
„Nein! Was denn!", fragte ich, ohne dass es nach einer Frage klang, da ich so mit der Stange kämpfen musste, als wäre ich am Surfen auf einem wilden See.
„Ich bin vom Schiffssteg in den See gesprungen!"
„Bravo!"
„Es war so schön, ich bin die ganze Zeit im Wasser gewesen."
„Sehr schön, mein Schatz." Die Bö wollte nicht aufhören, und ich musste aufpassen, dass mir das Handy nicht von der Schulter rutschte.
„Ich hänge jetzt auf, ich muss die Fenster retten."
„Mami, weisst du, was ich gegessen habe?"
„Nein!"
„Salat."
„Wunderbar. Hast du das gemocht?"
„Nein."
„Ich muss jetzt aufhängen! Du kannst es mir später erzählen."
Ich hängte auf und überlegte, was nun zu tun war. Mein Plan sah, obwohl mir zwei Hände fehlten, so aus:

1. Bindfaden abrollen, auf die richtige Länge zuschneiden.
2. Rohr rechts mit Faden an der Schiene anbinden.
3. Rohr links mit Faden an der Schiene anbinden.
4. Während alldem die Store nie loslassen.

Auf der rechten Seite, wo ich momentan kniete, gab es aber ein Problem: Ich kam von innen nicht an die Führungsschiene ran, sie war zu weit entfernt vom Fenster montiert. Da kam ich nur von aussen hin. Auf der linken Seite könnte es aber klappen. Ich wartete wieder das Ende der Bö ab, liess los, rannte auf die linke Seite, um auch da zuerst die Dekorationen wegzunehmen und den Vorhang hochzuziehen. Ich hatte Glück, die nächste Bö kam erst wieder, als ich das andere Ende der Stange bereits fest im Griff hatte. Knapp oberhalb des Rohrs machte ich mit der Schere ein kleines Loch in den Stoff und zog die Schnur hindurch. Dann setzte ich mich, stets mit einer Hand die Stange haltend, auf den Fenstersims, liess die Beine nach aussen baumeln und fixierte die Schnur an der linken Führungsschiene. Dabei versuchte ich, mich gut auf die Store zu konzentrieren und nicht nach unten zu schauen, denn vor mir ging es 4 Meter tief in unseren Innenhof. Die linke Seite war geschafft, doch die rechte knallte weiter regelmässig an die Fassade.

Jetzt machte ich mich an die weitaus schwierigere Herausforderung. Ich musste nun von aussen an die rechte Seite der Store gelangen, doch von unten war das unmöglich. Es würde nur von der Seite her gelingen, und zwar von der Mauer aus, welche das strassenebene Nachbargrundstück von unserem tiefer gelegenen Innenhof trennte. Das Donnergrollen hüllte unsere Stadt ein, es regnete aber noch nicht.

Ich packte Schnur und Schere und rannte los. Mitten im Restaurant merkte ich, dass ich mit den Flipflops nicht schnell genug war, und warf sie in eine Ecke. Dann rannte ich in die Türe, denn ich hatte vergessen, dass ich sie zuvor abgeschlossen hatte. Und wie ich sie aufschloss, flog sie mir schon wieder um die Ohren. Vor der Tür lag eine zerbrochene Blumenkiste mit nackten Geranien. Ich rannte das Trottoir entlang zum Ende des Häuserblocks, dann links um die Ecke, wurde tatsächlich von einem Karton überholt, sprang über ein umgewehtes Verkehrsschild, bog in der

Mitte des Blocks in einen Durchgang ab und rannte an der Fensterfront eines gepflegten Restaurants vorbei, in dem gut gekleidete Menschen gemütlich zu Mittag assen. Ein Mann in weissem Hemd und Krawatte sah mir erschrocken nach. Ich muss wie eine Irre ausgesehen haben, wie ich da barfuss mit zersaustem Haar und einer grossen Schere bewaffnet an ihm vorbeirannte. Dieser schrecklichen Aufmachung war es wenigstens zu verdanken, dass er mich nicht erkannte.

Beim Nachbargrundstück angelangt, staunte ich über die Höhe der Mauer, die von innen immer so niedrig ausgesehen hatte, sie reichte mir bis zu den Schultern. Ich fand eine leere Kunststoffblumenkiste, schob sie an die Wand und kletterte hoch. Oben sitzend, schaute ich in unseren Innenhof hinunter und dachte, dass mich jetzt wohl alle für verrückt hielten, wenn sie mich so sehen könnten. Aber mein Plan würde aufgehen, und geklettert war ich schon als Kind gern und viel. Nur hatte ich das in der Regel nicht bei einem solchen Wetter getan; das Donnergrollen kam bedrohlich näher und wurde immer lauter. Ich legte Schere und Bindfaden auf die Mauer und präparierte wieder ein genug langes Stück Schnur, das ich dann mit einem Ende durch eine Gürtelschlaufe der kurzen Jeans schob. Die ersten dicken Tropfen waren zu spüren, und meine Haare flogen in alle Richtungen und vor allem mir ins Gesicht. Ich rutschte auf der Mauer so nahe wie möglich an unsere Fassade, von da aus klammerte ich mich an die Führungsschiene der Store, stellte meine Zehen auf einen schmalen Wandvorsprung und rutschte von der Mauer. Ich bekam die Store zu fassen und griff zu der Schere, die ich vorher auf der Mauer in Griffnähe hingelegt hatte. Das System war dasselbe: Loch in die Store, Schnur an der Stange festknoten, Schnur an der Führungsschiene festknoten, fertig, einzig mit dem Unterschied, dass es hinter mir 4 Meter nach unten ging. Doch ich schaute einfach nicht hinunter, knotete wie zuvor mit nur einer freien Hand die Store fest und kletterte nach getaner Arbeit zurück auf die Mauer und von da aus via Blumenkiste auf sicheren Boden. Geschafft.

Es roch nun nach Regen, doch nur ganz wenige, dafür riesige Tropfen waren bisher zu Boden gefallen. Ich rannte wieder zurück, vorbei an den gemütlich speisenden Gästen, und um den Häuserblock herum. Auf dem Trottoir lagen einige Scherben von Blumenkisten, Geranien rollten über die Strasse, und Blumenerde wurde in alle Himmelsrichtungen geweht.

Drinnen ging ich mein Werk begutachten. Die Store wehrte sich noch immer und wollte wild im Wind tanzen, doch sie blieb unter Ächzen und leiserem „flopp flopp" an Ort und Stelle. Unsere Fenster waren gerettet. Nun wollte ich nur noch vor dem heftigen Regen zu Hause sein. Der Wind hatte mein Fahrrad umgeweht, und Zeitungen flogen an mir vorbei. Ich radelte so schnell wie möglich nach Hause und kam dort zwar atemlos, aber trocken an.

Im Haus ging ich am Zeitungschaos auf dem Esstisch vorbei und schaute auf unseren Balkon. Der Himmel wurde heller, die Lage schien sich plötzlich wieder beruhigt zu haben. Rund um uns war es noch immer dunkel, nur direkt über der Stadt rissen die Wolken ab und zu auf und zeigten sogar einzelne Flecken von blauem Himmel. Nach Regen roch es immer noch, aber ich spürte keinen einzigen Tropfen. Wo war denn jetzt dieses Gewitter auf einmal, das sich so heftig angekündigt hatte?

Ich war verschwitzt, zersaust, zerkratzt und so staubig, dass ich sogar die Blumenerde zwischen den Zehen spürte. Mindestens ein anständiger Sommerregen sollte die Stadt und mich nun doch vom Staub befreien! Doch so ist es oft in unserem Städtchen, die Unwetter machen es wie viele Zugpassagiere, sie fahren bloss durch, machen ein wenig Wind und steigen woanders aus.

Apéritif

Ich: Möchten Sie einen Apéritif?
Frau Jung: Einen Prosecco! Oder? Nehmen wir einen Prosecco? *(zu mir:)* Wir haben uns so lange nicht mehr gesehen. Wir haben uns so gefreut, wissen Sie. Also, ich nehme einen Prosecco. *(zu den Kolleginnen:)* Ihr nehmt auch einen oder? Oder?
Frau Hügi: Nein, ich nicht.
Ältere Frau: Ja, also, eigentlich lieber nicht.
Frau Jung: Waas? Ach, komm! Wir nehmen doch einen Prosecco!!
Frau Hügi: Ich nicht. *(zu mir:)* Ich mag Prosecco nicht so. Ich mochte komischerweise Prosecco nie besonders. Auch Champagner. Das ist halt so, ich weiss auch nicht, weshalb. Ich mag das einfach nicht so.
Ich: Aha.
Frau Hügi: Wirklich. Ich habe nicht einmal an meiner Hochzeit so was getrunken.
Ich: Ach, ja?
Ältere Frau: Ich muss noch fahren.
Frau Jung: *(ist bestürzt.)* Aber wieso denn? Wir müssen doch was trinken!
Ich: Oder möchten Sie einfach Wasser und dann zum Essen ein Glas Wein?
Frau Hügi: Ja.
Frau Jung: Aber wir könnten doch jetzt schon was bestellen, zum Anstossen. *(zu mir:)* Wir haben uns so lange nicht mehr gesehen.
Frau Hügi: Ich nicht. Vielleicht dann zum Essen ein Glas Wein. Aber nicht mehr. Wenn ich am Mittag Wein trinke,

	bin ich am Nachmittag immer müde.
Ältere Frau:	Lieber nicht.
Frau Jung:	Aber wir essen ja noch gar nicht!
Ich:	*(Ich möchte endlich an den nächsten Tisch, um dort die Bestellung aufzunehmen.)* Ich bringe Ihnen schon mal die Speisekarte, dann können Sie möglichst schnell auswählen, dann haben Sie auch sehr bald den Wein, um anzustossen. Ist das eine Idee? *(Es wird gelacht und zugestimmt.)* Also, nehmen Sie Wasser mit Kohlensäure oder ohne?
Frau Jung:	…
Frau Hügi:	…
Ältere Frau:	…
Frau Jung:	Das ist mir egal. Was möchtet ihr lieber?
Frau Hügi:	Mit. Ich mag Wasser mit Kohlensäure lieber als ohne. Daheim trinke ich zwar eigentlich immer ohne Kohlensäure. Aber wenn ich mal weg bin, dann bestelle ich immer mit. Ich mag das eigentlich lieber.
Ältere Frau:	Wie?
Ich:	Nehmen Sie Mineralwasser mit oder ohne Kohlensäure?
Ältere Frau:	…
Frau Jung:	*(etwas lauter)* Magst du Wasser mit Kohlensäure?
Ältere Frau:	Mit was?
Frau Jung:	Mit oder ohne Kohlensäure.
Ältere Frau:	Ach so! Mit. Ich mag Wasser ohne Kohlensäure nicht.
Frau Hügi:	Auch nicht?
Ältere Frau:	Nein, ich mag, wenn es prickelt.
Frau Hügi:	Hast du zu Hause auch mit Kohlensäure? Ich trinke zu Hause immer ohne.
Ältere Frau:	Nein.

Frau Jung:	Dann alle mit. Also ich ohne.
Ältere Frau:	Du trinkst ohne?
Frau Jung:	Ja. Kohlensäure bläht mich auf.
Ältere Frau:	Wirklich?
Ich:	Dann bringe ich eins mit und eins ohne Kohlensäure.
Frau Jung:	*(zu Frau Hügi:)* Aber warum nimmst du nicht einen Prosecco?
Frau Hügi:	…
Frau Jung:	*(zur älteren Frau:)* Oder einen Gespritzen? Du magst doch gespritzten Weisswein?
Ältere Frau:	Was?
Frau Jung:	Einen gespritzten Weissen, das magst du doch.
Ältere Frau:	Ja.
Frau Jung:	*(zu mir:)* Also für sie einen gespritzten Weissen.
Ich:	Süss oder sauer?
Frau Jung:	Und für uns zwei Prosecco.
Frau Hügi:	Ich möchte eigentlich nicht.
Ältere Frau:	Wie?
Ich:	Möchten Sie einen süssen oder einen sauren gespritzten Weisswein?
Ältere Frau:	Was?
Frau Jung:	Einen süssen oder einen sauren Weisswein?
Ältere Frau:	…
Ich:	Mit Wasser oder mit Zitro?
Ältere Frau:	Aha, Zitro. Ich hab es lieber, wenn es ein wenig süss ist.
Ich:	Gern.
Frau Jung:	Und zwei Prosecco.
Frau Hügi:	Aber …
Frau Jung:	Ja doch, du nimmst auch einen!
Frau Hügi:	Ich trinke eigentlich nie Prosecco.
Frau Jung:	*(zu mir:)* Sie nimmt auch einen.

Ich: Zwei Prosecco, einen gespritzten Weisswein und das Mineralwasser, sehr gern.
Frau Jung: Ach, es ist so schön hier!

灵活性

Mein Einsatz begann um 18.00 Uhr, doch ich war sicherheitshalber schon zwanzig Minuten früher dort, ich ahnte, dass das nicht verkehrt sein würde an diesem voll besetzten Freitagabend. Voll besetzt heisst, dass jeder Quadratmeter optimal ausgenutzt war. Nicht umsonst hatte ich als Jugendliche viel Tetris gespielt. Verschieden grosse quadratische Steine geschickt aneinanderzureihen, ohne dabei leeren Platz zu vergeuden, war seit den ersten Computerspielen der 80er-Jahre meine Stärke. Ich tat das noch immer, nun aber war das Spielfeld unser Lokal, und die Quadrate waren die verschieden grossen Tische. Ich verschaffte mir als Erstes einen Überblick über Anzahl und Art der Reservationen und sah, dass die ersten Gäste bereits die Speisekarten in den Händen hielten. Speziell war heute der Geburtstagstisch für acht Personen, er war bereits hübsch mit Rosenblättern geschmückt, ein Menu war bestellt. Der Plan des Abends sah so aus:

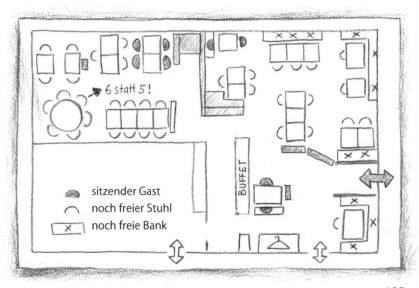

Meine Kollegin klärte mich auf, dass drei der chinesischen Gäste auch schon da waren und mitgeteilt hätten, es komme eine weitere Person dazu. Den Tisch hatte sie bereits entsprechend abgeändert. Nun, das kann vorkommen. Sechs Personen an diesem runden Tisch, der für 4 bis 5 Gäste gedacht ist, das war zwar nicht üblich, aber man konnte es ausnahmsweise so einrichten, sofern die Gäste mit der stark eingeschränkten Armfreiheit einverstanden waren. Anders konnte ich es sowieso nicht mehr organisieren. Das Problem beim Tetris-Spiel war ja, dass die Steine nicht mehr verändert werden konnten, wenn sie mal platziert waren. Ich wollte überprüfen, wie eng die Situation dort sein würde und ob die Gäste damit einverstanden wären. Wie ich mich dem Tisch näherte, stand eine der Damen auf und trat mir entgegen.

„Oh soly, I just got a phone call. We will be three more persons, we will be eight now."

„More persons" waren eigentlich komplett unmöglich in dieser Situation. Doch so unverhandelbar diese Tatsache auch war, so indiskutabel schien die Entschlossenheit der eleganten Businessdame zu sein. Des Weiteren ergab nach meiner Berechnung sechs plus drei neun und nicht acht. Ich versuchte, mit Geduld und Freundlichkeit ein wenig Klarheit in die Sache zu bringen.

„Good evening. We will have a problem because it is not possible to place 8 persons at this small table. We are completely booked out, I am very sorry, Madam."

„Oh, why?"

„Every table is booked tonight, I have no idea where I could place three more persons. Are you sure you will be eight anyway? Six plus three would be nine."

Nach mehrfachem Durchzählen und einigen Diskussionen in Mandarin, bei denen ich als stumme Statistin danebenstand, einigten sie sich darauf, dass sie 8 wären und doch nicht 9. Doch eigentlich spielte es keine Rolle, an diesem Tisch konnten sie nicht sitzen. Und das war keine Willensfrage, sondern ein rein geometrisches Gesetz. Drei Tetris-Steine haben keinen Platz in einer Lücke von einem Stein, acht Teller plus Beilagen und Gläser hatten keinen Platz auf einem Tisch für 4 bis 5 Personen. Weshalb nur war ich immer wieder gezwungen, solche Logik zu erklären, fragte ich mich. Und weshalb nützte es meistens nichts?

Denn auch diesmal wollten es die Gäste nicht verstehen, auch nach dreimaligem Erklären auf Deutsch und auch auf Englisch nicht. Zum Teil standen sie wieder auf und begutachteten den Raum, um eine gute Lösung zu finden. Dabei entschied die umtriebige Dame, dass sie sich einfach an den angrenzenden Tisch setzen würden, denn da sei praktischerweise ja schon für 8 Personen gedeckt.

Ich musste trotz der angespannten Situation ein Lachen unterdrücken. Dieser Vorschlag war völlig absurd.

„Sorry, Madam, this table has been booked weeks ago. Every table ist booked."

„Can we sit over there maybe?"

„No, these tables are booked too."

„Oh oh, I see. And there?"

„No. Impossible."

„Oh oh, hm."

Wir seien ausgebucht, erklärte ich zum wiederholten Mal. Ich sah momentan noch keine Lösung, doch mein Gedächtnis spulte auf Hochtouren sämtliche Varianten durch, die wir in den vergangenen Jahren mal ausprobiert hatten. Keine fünf Meter entfernt sassen vier Gäste an ihrem Tisch beim Apéro und lauschten gespannt und amüsiert unserer Unterhaltung. Die Dame wurde währenddessen nicht müde, mir zu erklären, wo ich überall einen Achtertisch hinstellen könnte. Ich könnte doch diesen einen Tisch dort drehen und diesen runden Tisch wegnehmen und dann andere Tische dazustellen. Ich müsste natürlich infolgedessen alle anderen Tische auch wegschieben. Oder dort all die kleinen Tische aneinanderschieben, das würde doch gehen! Sie war kreativ, das musste ich zugeben, doch war leider ihr räumliches Vorstellungsvermögen nicht das beste. Und ihre Lösungsvorschläge hätten nur funktioniert, wenn ich mindestens zehn andere Gäste rausgeworfen hätte. Irgendwann hatte ich keine Lust mehr, auf unrealistische Ideen höflich zu reagieren, und änderte den Ton ein kleines bisschen und erklärte, dass ich seit 17 Jahren versuchen würde, so viele Menschen wie möglich in diesen Räumen zu platzieren, dass ich niemals Platz vergeuden würde, da dies ja verlorener Umsatz wäre. Ich wüsste genau, wo ein Tisch zu machen war und wo nicht. Zum Schluss meines Vortrags war ich mir trotzdem nicht sicher, ob sie mir glaubte, und so ging ich in den vorderen Teil, um mich kurzzeitig abzureagieren. Ich brauchte Ruhe, Zeit und einen klaren Kopf.

Ich ging ungestört noch einmal alles durch und kam zum Schluss, dass es nur bei der Theke noch ein wenig freien Platz gab, den ich ausnützen könnte.

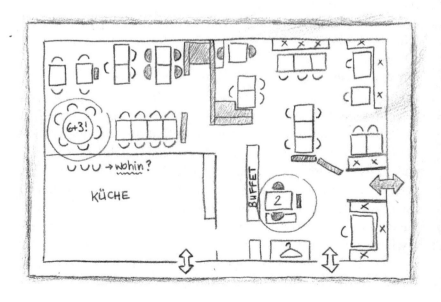

Demnach müsste ein Tisch für acht oder neun bei der Theke hergerichtet werden.

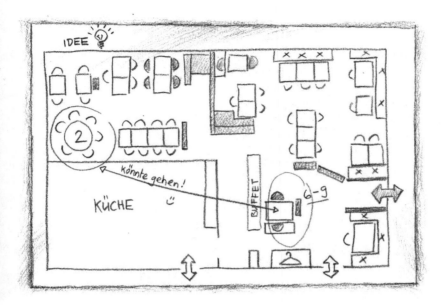

Allerdings war das mit enormem Aufwand verbunden und müsste zudem schnell geschehen, bevor alle anderen Gäste einträfen. Doch es war machbar, zumindest im Kopf, und ich ahnte, dass dieser Aufwand sogar angenehmer wäre, als weitere Diskussionen mit der chinesischen Businessdame durchzustehen.

Ein Problem hatte ich aber: Am Zweiertisch an der Theke sassen bereits zwei Gäste, ein schweizweit bekannter Politiker und sein Sohn, die soeben ihre Vorspeise beendet hatten. Ich würde sie bitten müssen, den Hauptgang an dem Tisch zu essen, wo jetzt noch die Chinesen auf eine Lösung warteten. Ich bat meine Mitarbeiterin, erst einmal das Essen der beiden noch nicht abzurufen, und klärte sie über meinen Plan auf. Die drei Chinesen müssten zudem draussen auf den Tisch warten, damit sie nicht im Weg standen, es war sowieso schon eng genug. Aber wir würden es einfach so machen, fertig. Könnte mein Gedächtnis meine Gedankengänge ausdrucken, hätte es ungefähr so ausgesehen:

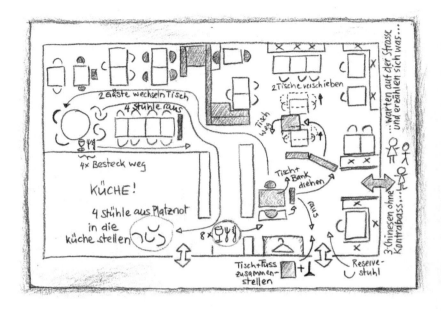

Mit diesem Plan ging ich voller Zuversicht zu den Chinesen, um ihnen wiederum alles dreimal zu erklären, worauf die Dame zufrieden antwortete:
„Nein, wir essen hier hinten."
Ich konnte es nicht fassen, begann nun tatsächlich alles wieder von vorn? Das sei unmöglich, wehrte ich mich, und ich hatte zusehends mehr Mühe, meine Ungeduld und den aufkeimenden Ärger zu verbergen.
Sie könnten meinen Vorschlag akzeptieren, oder ich würde überhaupt keinen Platz haben für sie. Und die Entscheidung müsse ich jetzt sofort wissen. Ich verzichtete darauf, es mehrmals zu erklären, und offenbar dämmerte ihnen, dass ich mit meiner Geduld am Ende war. Sie wollten kurz noch telefonieren, um herauszufin-

den, ob die achte Person auch wirklich käme. Gut, ich gab ihnen noch eine Minute. Doch es dauerte mir zu lange, bis sie es endlich wussten. Ich beschloss, es nun einfach durchzuziehen. Die Zeit drängte, denn sobald die Gäste der mittleren beiden Zweiertische einträfen, wäre es zu spät zum Handeln.

„Okay, okay, wir warten hier im Sitzen", meinten sie.

Nein, ich erklärte es noch einmal: Die Gäste, die an ihrem Tisch sitzen, brauchen jetzt sofort diesen Tisch hier, weil ihr Essen bereit ist und sie hier essen werden. Sie müssten draussen warten, da ich beide Tische neu aufzudecken hätte und dazu den Platz brauchte.

„Okay okay, we will wait", sagte die eigentlich Deutsch sprechende Dame, und alle setzten sich wieder.

„Sorry, Madam, you have to wait outside. I need the table now."

„Ah now? Ah okay."

Nun erklärte sie es den beiden anderen, die es auch nicht zu begreifen schienen.

Es war zum Verzweifeln, und trotzdem schaffte ich es irgendwann doch noch, und sie gingen raus auf die Terrasse. Der erste Schritt des Plans war erledigt. Als Zweites musste ich nun den Politiker und seinen Sohn an den anderen Tisch bitten. Sie waren enorm angenehm, sympathisch und sehr kooperativ und trugen sogar ihre Weinflasche und die Gläser selber. Alle nun folgenden Abläufe mussten so gut wie möglich diskret verlaufen, denn immer mehr Gäste nahmen an ihren Tischen Platz; sie hatten verständlicherweise keine Ahnung von meinem Problem und beobachteten überrascht, wie ich Pflanzenkörbe verschob, Stühle herumtrug und Tische versetzte. Auch die Küchenmannschaft war überrascht, denn wir brachten ihr kurzzeitig Stühle. Dazwischen musste ich immer mal wieder Gäste begrüssen und an ihren Tisch begleiten. „Grüezi! Möchten Sie gern die Jacke abgeben? Nicht, das ist schön. Darf ich Ihnen Ihren Tisch zeigen. Bitte entschuldigen Sie das Durcheinander mit den Möbeln, es läuft gerade drunter und drüber. So, bitte schön, hätten Sie gern einen Apéritif?"

Als dann der Tisch endlich stand und unsere Buffetdame begann, die Stühle wieder aus der Küche zu holen, sah ich, dass es so doch nicht funktionierte. Der Tisch ragte über den Eingangsbereich und liess niemand mehr durchkommen. Ich würde ihn direkt an den Garderobenschrank schieben müssen, damit der Eingang wieder frei war, aber die Garderobe war bereits voll von Jacken und Mänteln.

Unsere Buffetdame fing an, bündelweise alle Jacken in den Gang zur Wintergarderobe zu tragen. Zu ihrem Pech war dort aber bereits alles für den Sommer mit dem Terrasseninventar vollgestellt.

„Ich kann nichts in den Schrank hängen, da ist schon alles voll mit Gartenkissen", erklärte sie mir verdutzt.

„Dann lass dir was einfallen, es geht nicht anders." Ich liess sie mit dem Problem allein und schob den Tisch an die Garderobentür.

Die Chinesin kam rein und fragte unter der noch offenen Tür:
„Can we have a look at the menue?"
„No sorry, not yet. Please wait two more minutes." Sie ging wieder raus.
Selten bin ich so wortkarg bei der Kommunikation mit Gästen, doch es schien zu wirken, immerhin musste ich es nicht dreimal erklären.
Ein Irrenhaus. Als ich mich wieder dem langen Tisch widmen konnte, hatte die Mitarbeiterin, welche zuvor die Jacken weggetragen hatte, bereits Moltons und Tischwäsche ausgebreitet, und wir begannen einzudecken. Ich trug die letzten Stühle aus der Küche und entschuldigte mich bei allen angrenzenden Tischen für die Schieberei. Dies mit einem Lächeln, als wäre alles völlig stressfrei abgelaufen und absolut normal, innerlich aber bebte ich. Gleichzeitig wurden Speisen aus der Küche getragen, Apéros gebracht, Speisekarten verteilt, Weine zum Probieren gegeben, die Bestellungen des Tisches im Weinkeller aufgenommen und so weiter. Alles ohne mich. Die Türe ging auf, und Oliver kam rein, wie immer mit Leuchtweste und Velohelm.
„Grüezi, wie geht es Ihnen?", fragte er mich. Er hatte ein unglaubliches Gespür für den richtigen Moment.
„Hallo, Oliver. Bin gerade leicht gestresst."
„Sieht ein wenig anders aus als sonst, die Tische stehen an einem anderen Ort."
„Das kann man so sagen", meinte ich und stellte die letzten Gläser auf den Tisch.
„Da stehen viele Leute vor der Türe."
„Ja, ich weiss, die gehören an diesen Tisch hier."
„Aha. Ich mache eine Runde und sage Ihren Gästen Hallo."
Ich kümmerte mich nicht weiter um ihn und holte die Chinesen rein. Sie waren zufrieden, setzten sich und bestellten sogleich:
„Seven bie and one silo please."
„Sorry?"

„Seven bie and one silo please."
„Seven bier?"
„Yes and one silo."
„Silo??"
„Yes silo."
„Oh, do you mean Cola Zero?"
„Yes yes silogola."
Ich ging zum Buffet und sah, dass bereits alle Biergläser im Umlauf waren und nur noch zwei saubere Gläser dastanden.
Während ich nach leeren Gläsern Ausschau hielt, tauchte Oliver wieder vor mir auf. „Ich gehe jetzt wieder, ich muss heute pünktlich zu Hause sein."
„Tu das, tschüss."
„Auf Wiedersehen, ich wünsche Ihnen noch einen schönen Abend." Und weg war er. Was war denn heute los, wo war die versteckte Kamera?
Ich eilte in den Gang und stieg die Leiter hoch, um ganz oben aus dem Schrank eine Reservekiste Gläser zu holen. Eine Stammkundin kam gerade von der Toilette und lachte laut auf, als sie mich sah. „Was machst du denn so weit oben auf der Leiter?" Sie nahm mir sogar freundlicherweise den Karton ab. Als ich mit den neuen Gläsern wieder beim Buffet anlangte, waren zu meiner grossen Überraschung die sieben Bier bereits vorbereitet.
„Wo kamen denn jetzt diese Biergläser her?", fragte ich in die Runde, doch niemand schenkte meiner Frage Aufmerksamkeit. Offenbar waren gerade ein paar zurückgekommen und von Hand abgewaschen worden. Egal, keine Zeit zum Grübeln, ich trug die Biere an den Tisch.
Ich brachte die englischen Speisekarten und erzählte von der Empfehlung des Tages.
„Haben Sie Suppe? Haben sie Fisch?", fiel mir die enthusiastische Geschäftslady ins Wort, und bevor ich antworten konnte, hielt sie mir die offene Speisekarte hin, zeigte mit dem Finger auf den

Fleischhauptgang des Abendmenus.
„Ich nehme diesen Fisch. Sie nimmt auch den Fisch."
„Das ist nicht Fisch, das ist …"
„Der Herr Professor nimmt Fleisch. Ich nehme diese Fischsuppe."
„Möchten Sie den Fisch des Abendmenus?" Ich zeigte noch einmal zur Sicherheit auf das Fischgericht.
„Yes. Und ich nehme diese Suppe."
„Diese Suppe ist gross und hat Fisch dabei, es ist ein Hauptgang. Nehmen Sie nicht den Fisch?"
„Doch."
„Dann nehmen Sie die Fischsuppe als Vorspeise?"
„No starter, ich nehme keine Vorspeise."
„Also die grosse Suppe und Fisch?"
„Ich nehme den Fisch."
„Und auch Suppe?"
„Fisch. Und Suppe."
Ich wollte aufgeben und nach Hause rennen. Oder sonst wohin. Der Herr Professor wollte das Kalb. Und Suppe.
„Die Suppe mit dem Fisch oder ohne Fisch?"
„Ohne Fisch, mit Fleisch."
„Also Fleisch, Kalbfleisch zum Hauptgang und Suppe zur Vorspeise?"
„Keine Vorspeise. Suppe und Fleisch. Ohne Fisch."
Es war zum Verzweifeln. Doch ich beschloss dann irgendeinmal, einfach alles Gewünschte auch zu bestellen. Denn so kompliziert, wie sich alles darstellte, so unkompliziert waren sie dann beim Essen. Ich habe jedem einen Suppenlöffel eingedeckt und dann die grossen Suppenteller in die Mitte gestellt, jedem ein Schüsselchen verteilt, und sie schöpften sich selber und jeder langte zu.

Später sah ich zwei leere Biergläser auf dem Tisch stehen und fragte die beiden Herren: „Wollen Sie noch zwei Bier?"
„Ja ja Biel ja ja, hihihi, ja ja Biel", antworteten sie begeistert.
Ich fragte trotzdem noch auf Englisch nach: „Do you want two

more beers?"

„Yes yes, hihi Biel. Two, two hihi, yes yes two biel two biel."

Ich verstand das als Bestellung und brachte zwei Bier.

Als ich das nächste Mal vorbeiging, rief mich einer der beiden Chinesen zu sich:

„Walum zwei Biel gebacht?"

„Sie haben doch zwei bestellt?"

„Nein nein!"

„Doch, doch. Ich habe doch gefragt."

„Nein nein. Ich muss noch fahlen!", erklärte er mir lachend und hielt seine Hände an ein imaginäres Steuerrad auf einer imaginären und sehr kurvenreichen Strasse.

Also nahm ich das Biel wieder mit und dachte, es wäre am klügsten, ich würde es auf der Stelle selber runterkippen.

Stattdessen ging ich in den anderen Raum und half meiner Kollegin, an einem Tisch die leeren Teller abzuräumen. Es war bei den vier Personen, die zu Beginn des Abends die Verhandlungen am runden Tisch schmunzelnd mitverfolgt hatten.

„Hat es Ihnen geschmeckt, war alles gut?"

„Es war ausgezeichnet, wunderbar."

„Sehr schön, vielen Dank."

„Wir haben noch eine Frage: Zum Dessert würden gerne noch fünf Freunde kommen, wir wären dann zu acht. Ist das ein Problem?"

Das Gelächter der vier erfüllte den Raum, und ich war sprachlos und dankbar für ihren Humor, ich verstand die Frage als Sympathiebeweis mir gegenüber.

Doch lachen konnte ich nicht lange, die Schieberei der Tische und die zusätzlichen Gäste brachten den Ablauf des Abends mächtig durcheinander. Es galt, unter höchster Konzentration jede Handlung so schlau und vorausschauend zu koordinieren, dass keine zu langen Wartezeiten entstanden. In der Küche wurde hoch konzentriert gearbeitet, und die frischen Speisen wurden fast wie am Fliessband angerichtet. Besser und schneller ging nicht, es zischte und dampfte, und kein überflüssiges Wort wurde verloren. In solchen Momenten war ich voller Bewunderung für unsere Küchenmannschaft. Was die leisten konnte, war einfach unglaublich.

Ein paar Verzögerungen waren trotzdem nicht zu vermeiden, und natürlich hatten die regulären Tische, die keine Schuld trugen, Vorrang. Die Businesslady kam nach der Vorspeise zu meiner Mitarbeiterin: „Könnten Sie bitte die anderen Speisen auch bringen. Der Herr Professor ist müde. Er geht immer um 10 Uhr schlafen."

Die Vorstellung, in die Küche zu spazieren und zu sagen: „Der Herr Professor ist müde und geht immer um 10 Uhr schlafen. Ihr könnt jetzt die Hauptgänge auch bringen", erheiterte mich kurzweilig ungemein. Ohne Helm wäre eine solche Aktion lebensgefährlich.

Auch eine junge Chinesin war offenbar müde. Sie erwachte nur kurz zum Essen, ansonsten brachte sie es, an den Kleiderschrank gelehnt, locker auf zwei Stunden Tiefschlaf.

Als dann die Hauptgänge kurz vor der offiziellen Schlafenszeit des Herrn Professor serviert waren, wurde begeistert alles rumgereicht, kein Teller blieb dort stehen, wo wir ihn hingestellt hatten. Ich beobachtete, wie jeder von jedem Teller probierte, und realisierte plötzlich, dass eigentlich nicht unsere chinesischen Gäste kompliziert waren, sondern wir! Man stelle sich vor, wir wären in China in genau so einer Situation. Es wäre uns doch egal, ob wir einen grosszügigen Tisch hätten oder irgendwo eine kleine Ecke. Es wäre uns auch recht, wenn alle Speisen einfach in die Mitte des Tisches gestellt würden, wie es dort ohnehin üblich ist, denn wir würden alle von jeder fremden Speise kosten wollen.

Ich war es, die sich dieser ungeplanten Situation nicht beugen wollte. Ich bewegte mich in unserem Standard, unfähig, davon abzuweichen. Doch wie ich diese fröhliche und unkomplizierte

Gruppe nun beobachtete, wurde mir klar, dass es auch anders hätte gelöst werden können. Hätten wir die Speisen einfach in kleinen Schüsseln serviert statt auf grossen Tellern und diese in die Mitte des Tisches gestellt, wäre es vielleicht sogar am kleinen runden Tisch gegangen. Ich wurde Opfer meines eigenen Perfektionismus. Manchmal muss man vielleicht flexibler reagieren, über seine Vorstellungen hinwegsehen, um speditiver zu sein.

Davon könnten wir gerade von unseren chinesischen Gästen einiges lernen, und zwar in jeder Hinsicht, sofern wir bereit wären, uns das einzugestehen.

* Titel der Geschichte:
灵活性 = Flexibilität

Olivers Prinzipien

Oliver besuchte uns und unsere Gäste zwei- bis dreimal die Woche. Er lernte, dass an den mit Rosenblättern geschmückten Tischen immer irgendetwas gefeiert wurde, und wir lernten, dass Diplomfeiern oder Hochzeitstage ihn überhaupt nicht interessierten; er spielte nur an Geburtstagen, da war er konsequent. Immer kam er zuerst zu mir und gab mir die Hand. „Wie goohts eehne?", fragte er mich jeweils in seinem sympathischen Baselbieter Dialekt. Manchmal schien er fast froh zu sein, wenn nicht viel los war und er nicht an jedem Tisch mit den Gästen plaudern musste. „Ich habe sowieso keine Zeit. Ich muss immer um zwanzig Uhr zu Hause sein, sonst gibt es Ärger."

Ich hatte allerdings den Eindruck, dass er es überhaupt nicht eilig hatte, wenn sich die Gelegenheit für einen Miniauftritt bot. So auch an jenem Samstagabend, als er auf einem langen Tisch Rosenblätter entdeckte und sich sogleich nicht mehr für die anderen Tische interessierte. Das Ehepaar, das seine besten Freunde zu uns eingeladen hatte, war sich nicht ganz sicher, ob diese musikalische Einlage seinen Gästen gefallen würde. So wurde der Vorschlag allen ein wenig verlegen erklärt, jeder beobachtete erst, wie der andere reagierte, bevor er zustimmte. Ich stellte mich dazu, um die Situation zu beobachten und allenfalls die Übung abzubrechen. Nach längerem Diskutieren waren sich aber alle einig, dass sie für solch ein Abenteuer bereit wären und es doch eigentlich ganz nett war von diesem jungen Mann, irgendwie rührend. Wo gibt es so was heute noch, wurde übereinstimmend festgehalten, und die anfängliche Unsicherheit wich einer aufgeregten Vorfreude. Glücklich rannte er davon, um seine Gitarre zu holen, und kam wie üblich kurz darauf atemlos, schwitzend und

mit laufender Nase zurück. Ich verstand natürlich seine Hektik. Die Angst, die Gäste könnten ihre Meinung ändern, wenn er sie zu lange warten liess, trieb ihn an. Trotzdem mussten wir wohl an dem Rennen durch unser Lokal noch arbeiten. Er packte die Gitarre aus, bestellte sein Bier und plauderte kurz mit den Gästen, um anzukündigen, was er für sie spielen wollte. Den einen Fuss auf dem Stuhl, die Gitarre auf dem Oberschenkel ruhend, schrummte er schon einmal über die Saiten, und alle am Tisch wurden ruhig und begannen ihm zu lauschen, gespannt auf das ganz persönliche Geburtstagsständchen.
Beiläufig fragte er aus jugendlicher Neugier: „Wie alt werden Sie denn eigentlich heute?"
„Sechzig."
„Aha."
„Aber nicht heute, das war letzte Woche."
„Nicht heute?!", fragte Oliver entsetzt und nahm den Fuss wieder vom Stuhl runter.
„Nein, aber wir feiern heute."
„Dann kann ich nicht spielen!" Er wandte sich vom Jubilar ab und packte seine Gitarre wieder ein.
„Aber wieso denn nicht? Es ist doch eine Geburtstagsfeier!", wehrte sich die Ehefrau des Jubilars enttäuscht.
„Nein, das geht nicht."
„Wenn du doch schon mal da bist!", versuchte der Jubilar ihn zu überzeugen.
„Nein, nein, das geht nicht", verteidigte er seinen Entscheid vehement. „Ich spiele immer nur am Geburtstag. Es tut mir leid."
„Das ist jetzt aber sehr schade, wir haben uns darauf gefreut."
„Da kann ich nichts machen. Das geht nicht. Ich habe meine Prinzipien."
„Kann man die nicht für einmal vergessen?", fragte die Ehefrau.
„Nein. Prinzipien muss man immer einhalten. Sonst sind es ja keine Prinzipien."

„Das ist jetzt aber wirklich schade, wir haben uns darauf gefreut", offenbarte der Jubilar.

„Ja, das ist sehr schade. Aber da kann man jetzt nichts machen. Ich wünsche euch trotzdem einen schönen Abend." Er packte seine Taschen, und weg war er.

Er ist konsequent, da kann man nichts sagen, und er hat seine Regeln, an denen es offensichtlich nichts zu rütteln gibt. Um denen treu zu bleiben, liess er sogar sein Bier stehen.

Entschlussfest

Die beiden Frauen, deren Bestellung ich hier ganz im Detail wiedergebe, bezeichne ich nachfolgend nur mit A und B, da jeder von mir ausgedachte Name möglicherweise unter meinen weiblichen Gästen eine Trägerin haben könnte. Ich möchte unbedingt vermeiden, dass eine Leserin meinen sollte, ich hätte genau über sie geschrieben und dazu noch die Frechheit besessen, ihren Namen zu nennen. Wenn sich trotzdem eine Leserin betroffen fühlen sollte, so tut es mir sehr leid, ich kann jetzt aber auch nichts mehr machen, das Buch ist schon gedruckt.

Ich hätte anstelle von A und B natürlich auch Max und Moritz schreiben können, aber erstens gab es auch einige Max und einige Moritz, welche bei uns gespeist haben, und zweitens ist der Unterschied, dass es dann männliche Namen wären, entscheidend. Ich muss es leider an dieser Stelle sagen, liebe Geschlechtsgenossinnen, eine so ausführliche Konversation, wie ich sie nun beschreibe, ist mit männlichen Erdenbewohnern vollkommen unmöglich.

Ich: Guten Abend.
A: Hallo.
B: *(mustert mich)*
Ich: Hätten Sie gern etwas zu trinken? Einen Apéritif vielleicht?
A: Hm.
B: *(schaut A an)*
Ich: Einen feinen Prosecco oder vielleicht ein Glas Weisswein?
B: *(Gequältes Gesicht.)* Willst du?
A: *(auch gequältes Gesicht, schüttelt den Kopf)*

Ich:	Oder etwas Alkoholfreies?
B:	*(schweigt, schaut mich an)*
A:	*(schaut B an)* Haben Sie eine Getränkekarte?
Ich:	Eigentlich nur für Tees, Kaffee und Spirituosen. Aber sagen Sie doch, worauf Sie Lust haben, wir haben fast alles.
B:	*(schweigt, schaut A an)*
A:	Das kommt eben meistens erst, wenn ich es lese.
Ich:	Aha. Wir haben einen alkoholfreien Apéro mit frischem Obst. Oder einen regionalen Apfelschaumwein mit Holundersirup.
B:	*(schaut A an)*
Ich:	Oder doch ein Glas Chardonnay?
A:	Wir hatten eben schon was. Vorhin.
B:	*(schweigt, schaut mich an)*
Ich:	Ach so, kein Problem. Dann vielleicht besser gleich Wasser?
B:	*(schweigt, schaut wieder A an)*
A:	Ich möchte, glaube ich, noch nichts.
Ich:	Auch gut, natürlich.

Ich gab ihnen die Speisekarte und erklärte, wie man was kombinieren konnte, erwähnte die Tagesempfehlung und ging weg. Es war mir recht, dass sie bereits die Speisekarte in den Händen hielten, damit ihre Bestellung noch vor dem Eintreffen aller anderen Gäste in der Küche wäre. Denn bald würde hier einiges los sein, und ich wollte nicht alle Bestellungen gleichzeitig in der Küche haben. Nach einer Viertelstunde ging ich wieder zu ihnen, da ich beobachtet hatte, dass sie nicht mehr in der Karte lasen.

Ich:	Haben Sie etwas gefunden?
A:	Ah nein, wir haben noch nicht geschaut.
Ich:	Oh pardon, dann komme ich später wieder.

Das Lokal begann sich zu füllen, Speisekarten wurden verteilt, eine gewisse Hektik hatte eingesetzt. Ich wollte die beiden Damen nicht hetzen, überhaupt nicht, doch wollte ich auch nicht, dass sie meinten, ich hätte sie vergessen. Aber sie hatten auch nach 40 Minuten noch nicht ausgewählt. Die ersten Bestellungen wurden nun von anderen Tischen in die Küche gebracht, das war auch gut, so ging mein Plan auch auf, einfach umgekehrt. Nach einer vollen Stunde winkten sie mich herbei und waren dann doch schon so weit. Ich begleitete erst noch sechs Herren an den Tisch neben den beiden Frauen und konnte, während sich die Herren langsam setzten, die Bestellung der Damen aufnehmen.

A:	Ich nehme das Kalbsschnitzel.
B:	Nimmst du jetzt doch das?
A:	Ja, habe mich umentschieden.
B:	Was ist die Dorade für ein Fisch?
Ich:	Ein Salzwasserfisch. Zart und weiss, wunderbar.
B:	Muss ich da was machen?
Ich:	Sie haben nichts mit dem Fisch zu tun, es ist nur ein Fischfilet.
B:	Hat er keine Augen?
Ich:	Die Dorade hat Augen. Aber das Fischfilet auf dem Teller hat keine mehr.
B:	Ich kann ein Tier mit Augen nicht essen.
Ich:	Ein Tier ohne Augen ist natürlich immer noch ein Tier, aber seien Sie unbesorgt, wir haben die Augen vorher rausgenommen.
B:	Hat es Gräten?
Ich:	Unser Küchenchef zupft bei jedem frisch gelieferten Fisch am Morgen mit einer Pinzette alle Gräten raus. *(B und A schauen mich verwundert an.)* Das ist kein Witz, das macht er wirklich jeden Morgen. Aber ich kann es nicht garantieren, es ist eben

	Fisch, und man muss trotzdem vorsichtig sein.
B:	…
Ich:	Also die Dorade?
B:	Ja.
Ich:	Nehmen Sie eine Vorspeise?
A:	Ach so. Ich weiss nicht.
	(zu B:) Nimmst du eine Vorspeise?
B:	Weiss nicht.
Ich:	Vielleicht einen Salat?
A:	Ja, vielleicht einen Salat?
B:	Ja, vielleicht.
A:	Was haben Sie denn?
Ich:	Einen simplen grünen Salat oder einen gemischten – oder den wunderbaren Herbstsalat mit Cranberries, gebratenem Kürbis und Nüssen.
B:	*(schaut A an)*
A:	*(schaut in die Karte)*
Ich:	Oder den lauwarmen Geissenkäse mit Spinatsalat, Speck und getrockneten Tomaten?
B:	Nein.
A:	Vielleicht einen grünen Salat.
B:	*(schaut A an und wartet)*
Ich:	*(schaue B an und warte)*
B:	Ja also, ich auch.
A:	Haben Sie ein Hausdressing?
Ich:	Ja, das ist eine französische Sauce. Aber Sie können auch italienische bekommen.
A:	Nein, das ist gut.
Ich:	Also französisch?
A:	Ja.

Ich sammelte die Speisekarten ein und hatte zum Schluss eigentlich nur noch zwei einfache Fragen an die beiden Frauen: die

Frage des Wassers und diejenige des Weins.

Ich:	Möchten Sie ein Mineralwasser?
A:	Wollen wir Wasser?
B:	Ja, vielleicht schon.
Ich:	Mit oder ohne Kohlensäure?
B:	Willst du mit oder ohne?
A:	Mit. Es ist mir aber egal, ich mag auch gern ohne.
B:	Mir spielt es keine Rolle.
A:	Ja, was trinkst du normalerweise?
B:	Hm, meistens ohne, aber mit ist auch gut.
A:	Dann nehmen wir ohne. Ist gut?
B:	Du kannst auch mit nehmen, ich mag beides.
A:	Nein, nein, ohne ist gut. *(zu mir:)* Ohne.
B:	Haben Sie Literflaschen?
Ich:	Nein, 5-dl-Flaschen. Soll ich zwei bringen?
	(Ich beobachtete, wie meine Kollegin die Bestellung der Getränke des Sechsertisches nebenan entgegen nahm.)
B:	Nein, eine reicht. Oder?
A:	Ja, wir können ja später immer noch nachbestellen.
B:	Ja genau. Trinkst du viel Wasser? Dann bestellen wir doch gleich 2 Flaschen.
A:	Ich weiss es nicht, beginnen wir mit einer.
Ich:	Gut. Möchten Sie noch in die Weinkarte schauen?
A:	Ich weiss gar nicht. *(fragender Blick zu B)* Willst du Wein?
B:	Mir ist es egal. Willst du?
A:	Weiss nicht. Sag du.
B:	Mir spielt es keine Rolle. Wir könnten ja.
A:	Ja, wieso nicht.
B:	Aber ich habe Fisch und du Fleisch.
A:	Ah ja, ich habe ja Fleisch. *(hilfloser Blick zu mir)*

Ich:	Wir haben viele Weine im Offenausschank, Sie müssen nicht den Selben nehmen. *(A und B schauen sich fragend an)* Sie können ja verschiedene Weine glasweise bestellen, Sie können einen Rotwein trinken, Sie einen Weisswein.
A:	Aha, ja. Ich könnte aber auch Rotwein trinken zum Fisch.
B:	Du musst nicht, ich mag auch Weisswein.
A:	Nein, musst du doch nicht zum Fleisch.
B:	Das ist kein Problem.
A:	Komm, wir nehmen Rotwein.
B:	Sicher? Zu deinem Fisch?
A:	Ja, klar.
Ich:	Man kann problemlos Rotwein trinken zum Fisch, hier in der Karte stehen alle Weine, die wir pro Glas verkaufen. *(Ich wollte sie mit der Wahl allein lassen und gehen, als ich sah, wie die Kollegin bereits die Speisekarten zu den sechs jungen Herren brachte.)*
A:	Haben Sie einen Hauswein?
Ich:	Nein, wir haben 15 verschiedene Weine offen. Ich empfehle den Merlot aus dem Tessin.
B:	Wollen wir den Merlot?
A:	Hm. *(rümpft die Nase)* Wie ist der Chianti?
Ich:	Sehr schön, nicht allzu schwer, würde sicher zu beidem passen.
B:	Ich mag Schianti nicht so.
A:	Aha. *(die Weinkarte in der Hand und die Liste der offenen Weine betrachtend)* Hat es Zinfandel?
Ich:	Nein, Zinfandel haben wir nicht offen.
B:	*(Frage an mich:)* Oder Cabernet?

	(zu A:) In Australien gibt es viel Cabernet, wir waren da auf einem Weingut.
A:	Ah ja, da hast du mir ein Föteli gemailt.
B:	Genau, da waren wir mit, weisst du, der Peter ...
Ich:	Wir haben keinen Cabernet offen, doch wenn Sie in Australien waren, nehmen Sie doch den australischen Shiraz, den kann ich sehr empfehlen.

Mein Vorschlag sollte die Prozedur ein wenig abkürzen, denn hinter mir schienen stetig neue Gäste reinzukommen, und meine Mitarbeiterinnen hatten ihren Gang merklich beschleunigt.

B:	Shiraz? Magst du Shiraz?
A:	Weiss nicht. Du hast ja jetzt genug australischen Wein getrunken. Wir können auch etwas anderes nehmen.
B:	Nein, nein, das ist schon gut. Aber du kannst ruhig sagen, ob du lieber einen anderen Wein hast.
A:	Nein, für mich ist gut. Der ist sicher nicht schlecht.
Ich:	Ich kann Ihnen gern einen Schluck zum Probieren bringen.
B:	*(zu A:)* Willst du probieren?
A:	Nein, schon gut.
B:	Der wird sicher gut sein.
Ich:	Sehr schön. Wie viel darf ich bringen?
	(A und B schauen sich erneut ratlos an.)
A:	Ich weiss nicht.
B:	Hm. Wie viel magst du?
A:	Mir ist es egal. Sag du.
B:	Nein, sag du.
A:	Weiss nicht. Ein Glas?
B:	*(zu mir:)* Zwei Glas?
A:	Nein, ich glaube, ein Glas reicht, ich muss ja noch fahren.

B:	Ich meine je eins, gibt zwei.
A:	Ach so. Oder willst du drei?
B:	Nein, ich glaube nicht. Das wäre zu viel. Oder?
Ich:	Ich bringe Ihnen einfach schon mal je 1 Glas. Sie können ja jederzeit nachbestellen.
A:	Ah.
B:	Das ist gut.
Ich:	Danke schön.

Mit der Bestellung in der Hand ging ich vorsichtig in die Küche und war erleichtert, zu sehen, dass dort das Licht brannte. Ich befürchtete nämlich, so lange an diesem Tisch gestanden zu haben, dass der Abend bereits vorüber und die Küchenmannschaft nach Hause gegangen war. Hätte ich nur noch eine weitere Frage gestellt, wäre das durchaus möglich gewesen.

Die Poesie der Tonkabohne

„Hat Ihnen das Dessert geschmeckt?"
„Es war fantastisch. Ganz aussergewöhnlich. Ich muss Ihnen erklären, was für ein Geschmackserlebnis diese Tonkabohnenglace einem beschert. Ich habe lange gesucht, woher ich diesen Geschmack und diesen Duft kenne – jetzt habe ich es herausgefunden:
Wenn man im Herbst im Wald spazieren geht, kann es sein, dass man den richtigen Zeitpunkt erwischt und der Farn kurz vor dem Welken steht. Diese Zeitspanne ist sehr kurz und hängt natürlich stark vom Wetter ab. Genau dann verströmt der Farn einen betörenden Duft, der mit nichts zu vergleichen ist. Wenn man das erkennt und stehen bleibt, um diesen Duft aufzunehmen, so dauert es leider nicht lange, und er verflüchtigt sich. Man muss dann ein paar Meter weitergehen, um die übrige Waldluft einzuatmen. Danach kann man an die Stelle zurückzukehren, um den Farnduft abermals einzufangen. Falls man Glück hat, es gelingt nicht immer. Doch wenn man ihn noch einmal riechen kann, ist es ein Geschenk! Kennen Sie das?"
„Leider nein."
„Wenn Sie diesen Duft im Herbstwald suchen, so finden Sie ihn kaum. Er ist sehr selten, doch wenn man ohne Erwartungen, aber mit geschärften Sinnen spazieren geht, so hat man manchmal das Glück, dass einen dieser ausserordentliche Geruch überrascht. Nichts anderes auf der Welt habe ich bisher gefunden, das diesem Duft ähnlich ist. Bis jetzt. In Ihrer Glace!"

Paniertes Schnitzel!

18.30 Uhr, die Terrasse war schön gedeckt, jeder Tisch mit dem Namen der angemeldeten Gäste gekennzeichnet, und wir waren bereit für die Gäste. Ich erwartete einen Service, welcher der Agendaseite des bevorstehenden Abends entsprach. Zu sehen war da ein wildes Durcheinander von in verschiedenen Handschriften und mit verschiedenen Stiftsorten geschriebenen Namen und Nummern. Teils waren sie schulmeisterlich untereinandergereiht, teils hektisch hingekritzelt, über drei Zeilen hinweg geschrieben oder zwischen zwei Zeilen gepfercht. Ein paar wenige Gäste waren bereits an ihren Tischen und studierten gemütlich die Speisekarte.

Schon als der Alte hereinkam, wirkte er auf mich sonderbar bedrohlich, düster und sehr autoritär. Trotz des prächtigen Wetters trug er einen schweren, grauen Regenmantel, einen alten, dunkelblauen und abgetragenen Sonntagsanzug und eine karierte Mütze. Leicht vornüber gebeugt, aber mit festem Schritt ging er an mir vorbei, ohne meinen Gruss zu erwidern, und setzte sich an den erstbesten Tisch, der zwar reserviert war, was ihn aber nicht zu interessieren schien. Wie ich zu ihm hintrat, um ihn darauf aufmerksam zu machen, schaute er zu mir hoch, musterte mich durch seine beeindruckende Hornbrille äusserst kritisch und sagte im Befehlston: „Was haben Sie zu essen?", ohne dass dies nach einer Frage klang.

„Guten Abend, dieser Tisch ist reserviert, die Gäste könnten jeden Augenblick eintreffen", wiederholte ich mich.

„Ich sehe keine Gäste", fiel er mir bellend ins Wort, „es ist ja alles leer bei Ihnen! Sie wollen mich wohl nicht bedienen?"

„Doch, das würde ich, aber nicht an diesem Tisch, denn die Gäste,

die hier reserviert haben, sind zwar noch nicht da, kommen aber demnächst." Und während ich dies sagte, blickte er mich an, als wäre ich ein kleines, vorwitziges Schulkind auf der erfolglosen Suche nach einer idiotischen Ausrede.
„Was haben Sie? Paniertes Schnitzel?"
Ich suchte nach einer Lösung, um den trotzigen Herrn dennoch bedienen zu können: Verschieben der Reservation dieses Tisches an einen anderen; die später eintreffenden Gäste würden dann – sofern das alte Donnerwetter bis dahin wieder weg war – den Tisch hier belegen. Könnte klappen. Ich versuchte es.
„Ich bringe Ihnen gleich die Karte. Was möchten Sie trinken?"
„Wasser", antwortete er, als hätte ich das wissen müssen.
Nachdem er die Karte kritisch studiert hatte, rief er mich zu sich und beschwerte sich über die Preise.
„Wer hat diese Karte gemacht! Ihre Preise sind ja Wucher!"
„Hier wird alles im Haus produziert, und die Lebensmittel sind von hoher Qualität, das hat seinen Preis."
„Ihr Kalbsschnitzel ist viel zu teuer!"
„Sie erhalten hier Qualität, das ist immer teuer. Ansonsten müssen Sie woanders hingehen", wagte ich mich zu wehren.
„Was haben Sie noch?" Er schlug die Menukarte zu. „Paniertes Schnitzel und Pommes frites?"
„Das haben wir nicht auf der Karte, können wir aber machen. Aber es wird gleich viel kosten wie das Kalbsschnitzel in der Karte, denn es ist ja vom Kalb und nicht vom Schwein."
„Ich bin ein alter Mann, habe Hunger und kein Geld."
„Ich schaue, was wir tun können. Ein paniertes Schnitzel also mit Pommes?"
„Ja. Und Salat."
„Und GERN einen Salat dazu, DANKE SCHÖN", bestätigte ich. Wenigstens ich wollte freundlich sein. In der Küche bestellte ich: „Ein paniertes Schnitzel mit Pommes und einem grünen Salat für einen alten, hungrigen Mann ohne Geld, bitte schön. Beginnen

wir alle den Abend mit einer guten Tat." Wortlos und neugierig schauten die Köche um die Ecke, um zu sehen, wer in die Gunst meiner guten Tat kommen sollte, und verzogen sich, jeder das Gesehene auf seine Art kommentierend, an ihre Posten.
Der Mann sah tatsächlich nicht gerade mittellos aus, eher wie ein alter Schulmeister, der sein fleissig erspartes Geld in alten Blechdosen aufbewahrte. Dies aber mittlerweile vergessen hatte.
Eine halbe Stunde später war das panierte Schnitzel wortlos verschlungen und auf der Kasse zu einem Drittel günstiger getippt. Doch kaum sah er die Rechnung, brach wieder ein Sturm der Entrüstung los.
„Diese Rechnung ist Wucher!", schimpfte der Alte.
„Hören Sie", verteidigte ich mich, „das Schnitzel kostet siebenunddreissig Franken, wie ich bereits gesagt habe. Ich habe aber nur fünfundzwanzig getippt, habe Ihnen also zwölf Franken geschenkt und den grünen Salat überhaupt nicht verrechnet."
„Das ist eine Frechheit!", herrschte er mich an.
„Ich glaube nicht, dass es eine Frechheit ist, wenn ich Ihnen zwölf Franken Ermässigung gebe und dazu einen Salat schenke!", schnaubte ich ihn an, meine Wut einigermassen in Zügeln haltend.
„Was sind Sie denn für ein Restaurant! Alte Leute ausnehmen!" Er schaute zum ersten Mal seine Umgebung an, wollte wohl erfahren, wie ein Restaurant aussieht, das auf hinterlistige und gemeine Art und Weise alte arme Leute ausnimmt.
„Ich habe Sie nicht ausgenommen, sondern Ihnen die Hälfte geschenkt! Gegessen haben Sie alles, und den Seniorenpreis müssen Sie nun bezahlen, und zwar am liebsten jetzt gleich." Meine Geduld war am Ende, ich fluchte in mich hinein und wartete mit forderndem Blick neben ihm, bis er seine Zeche bezahlte.
Mürrisch legte er sein Geld hin, ohne einen weiteren Kommentar abzugeben, was mich sehr erstaunte. Er würdigte mich keines Blickes, ich dankte knapp und rauschte davon.

Zehn Minuten später kam eine Mitarbeiterin zu mir und fragte: „Wo hast du das Essen von dem alten Mann getippt? Ich finde es nicht auf der Kasse, er will bezahlen."
Verdattert schaute ich sie an. „Er hat ja schon bezahlt!", erklärte ich und ging zu ihm.
„Sie schon wieder", empfing er mich.
„Sie haben bei meiner Kollegin die Rechnung verlangt."
„Ja. Ist sie nicht fähig, eine Rechnung zu bringen?"
„Doch, wäre sie. Aber Sie haben bereits bezahlt!"
„Nein, habe ich nicht."
„Doch. Es war Ihnen zu teuer."
„Ja, teuer ist es hier. Aber bezahlen tue ich meine Schulden trotzdem, ich habe immer alles bezahlt."
„Sie haben vor 10 Minuten bei mir bezahlt."
„Ich werde wohl noch selber wissen, wann ich bezahlt habe und wann nicht!"
„Offenbar nicht."
„Ich will bezahlen."
„Ich kann gern ein zweites Mal einkassieren. Aber das tue ich nicht, denn ich nehme eben keine alten Menschen aus, wie Sie behaupten. Sie haben bezahlt, Sie dürfen jetzt gehen."
Unvermittelt stand er auf und ging an mir vorbei ohne ein Wort des Dankes oder einen Gruss, er verliess wortlos unser Lokal und liess mich wütend zurück. Es war grotesk. Offenbar waren seine Sinne dabei, das Weite zu suchen, doch konnte er das mit seinem autoritären Auftreten überspielen. Man nahm ihn ernst, obwohl sein Benehmen absolut lächerlich war; es war eigentlich eine interessante Mischung aus Ernst und Wahnsinn. Mir blieb keine Zeit, lange darüber nachzudenken, das Lokal begann sich zu füllen, und wir hatten alle Hände voll zu tun.

Eine Stunde später sah ich ihn eher per Zufall an unserer Terrasse vorbeischleichen. Er spähte zum Eingang, als sei er unschlüssig, ob er eintreten möchte oder nicht. Wir fragten uns, was er

denn noch wollte, und gingen sicherheitshalber schon mal alle in Deckung. Kaum meinten wir, er wäre verschwunden, war er plötzlich wieder da und setzte sich an denselben Tisch wie zuvor, allerdings hatten dort mittlerweile zwei Gäste Platz genommen und warteten auf ihre Vorspeise. Ich eilte zu ihm, um ihn von diesem besetzten Tisch wieder wegzubringen. Noch bevor ich etwas sagen konnte, bellte er mich wieder an:
„Essen. Was haben Sie? Haben Sie paniertes Schnitzel?"
Damit hatte ich nun wirklich nicht gerechnet.
„Sie haben bereits vor einer Stunde bei uns ein paniertes Schnitzel gegessen."
„Haben Sie paniertes Schnitzel, frage ich."
„Und ich sage: Sie haben bereits gegessen! Hier an diesem Tisch vor einer Stunde."
„Ich werde wohl noch selber wissen, wann und wo ich gegessen habe. Oder etwa nicht?"
Die Gäste am Tisch verstanden die Welt nicht mehr und beobachteten die reichlich groteske Situation mit angespannter Miene.
„Offenbar nicht. Sie haben hier vor einer Stunde gegessen. An diesem Tisch. Ein Schnitzel mit Pommes und einen Salat."
„Was erlauben Sie sich! Ich war noch nie hier!"
„Sie fanden den Preis viel zu hoch."
„Viele Restaurants nehmen alte Menschen aus. Und so sehen Sie aus."
„Ich danke. Sie erinnern sich also nicht."
„Haben Sie nun Schnitzel oder nicht?"
„Sie haben schon ein Schnitzel gegessen."
„Wollen Sie einen alten Mann nicht bedienen?"
„Doch, das habe ich ja schon vor einer Stunde getan. Wo wohnen Sie? Muss man Sie nach Hause bringen?"
„Es geht Sie nichts an, wo ich wohne!"
„Eigentlich möchte ich es auch gar nicht wissen, aber vielleicht brauchen Sie Hilfe und sollten nach Hause."

„Das tue ich, wann ich will. Haben Sie nun Schnitzel oder nicht?!"
„Nein." Es reichte mir. Ich war nicht bereit, solch einem ruppigen Mann zu helfen, das war nicht meine Aufgabe, basta.
„Was haben Sie denn?"
„Nichts. Heute haben wir gar nichts. Die Küche ist geschlossen."
Er schaute um sich und realisierte, dass dies nicht stimmen konnte. „Sie wollen also keine alten Menschen bedienen? Das ist eine Frechheit, ungeheuerlich! Ich finde selber raus und komme nicht wieder!"
„Ich danke Ihnen."

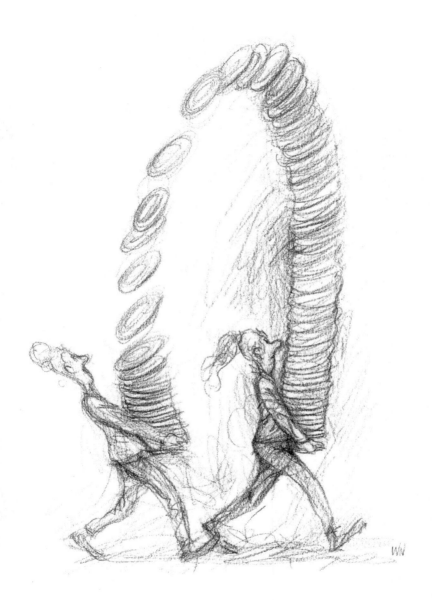

Vorspeise

Carla: Wie hiess der noch, neben dir?
Linus: Wo? *(hustet)*
Carla: Da in dieser Beiz vorhin.
Linus: Im Kreuz? *(hustet)*
Carlos: Walter?
Carla: Nein, nicht im Kreuz. Walter war der andere.
Linus: Im Rathskeller?
Carlos: Nicht im Kübel?
Carla: Nein, ich glaube, das hiess Rathskeller.
Lina: Das ist dasselbe.
Carla: Wie jetzt?
Lina: Der Rathskeller ist der Kübel.
Linus: Ach ja? *(hustet)*
Carla: Also, wie hiess der?
Linus: Wo?
Carla: Eben, im Rathskeller oder Kübel oder wie auch immer. Einfach in dieser Beiz von vorhin.
Linus: Ja, aber welcher denn?
Carla: Der neben dir!
Linus: Wo neben mir?
Carla: Rechts von dir.
Carlos: Nicht Walter?
Lina: Allemann.
Carla: Nicht Walter. Das war der andere.
Lina: Hans. Walter.
Linus: Hans-Walter? Gibt's das?
Lina: Nein, nur Walter. Walter Allemann.
Carlos: Ach so, der Allemann ist nicht der Hans.

Lina:	Nein, der Hans heisst anders.
Carla:	Also Walter. Der mit dem Bart.
Linus:	Der war aber links von mir.
Lina:	Von ihr aus gesehen rechts von dir.
Linus:	Ja, von ihr aus gesehen. Ist aber falsch, wenn sie sagt, rechts, denn das ist ja links.
Carla:	Dann halt links von dir.
Carlos:	Der hatte einen Bart?
Linus:	Ja, der hatte einen Bart. Also der Walter.
Carlos:	Ist mir nicht aufgefallen. Ich schaue die Leute nicht so genau an.
Carla:	Du schaust überhaupt nie jemanden genau an.
Carlos:	Ist ja auch nicht nötig.
Carla:	Doch, manchmal schon.
Carlos:	Wieso denn, das bringt mir ja nichts.
Carla:	Vielleicht würde es das Gegenüber freuen.
Carlos:	Welches Gegenüber denn?
Lina:	Du sollst deine Frau manchmal besser anschauen, das will sie sagen. Du merkst auch gar nichts.
Carlos:	Ach so, aber das mach ich doch manchmal.
Lina:	Manchmal?
Carla:	Nein, nie.
Carlos:	Ach, das ist doch nicht wahr, Hase.
Carla:	Doch.
Lina:	Genau, Walter Allemann hiess der.
Carlos:	Achtung, die Vorspeisen kommen.
Linus:	Oh, sieht gut aus.
Lina:	Hast du keine Suppe genommen?
Linus:	Wieso hätte ich eine Suppe nehmen sollen?
Lina:	Das wäre gesund.
Linus:	Sie haben keine Hustensuppe auf der Karte. *(Gelächter)*
Ich:	Das wäre eine gute Idee im Winter, danke!

Carla:	Mmmm, das sieht toll aus.
Linus:	Was ist denn mit dem Allemann?
Ich:	Guten Appetit.
Carlos:	Danke, wunderbar.
Carla:	Bringen Sie doch noch ein Mineralwasser bitte.
Ich:	Sehr gern.
Linus:	Was ist denn mit dem Allemann?
Carla:	-
Carlos:	-
Lina:	-
Linus:	Hallo? *(hustet)*
	(Alle schauen ihn an.)
Carlos:	Gibst du mir ein Stück Brot, bitte?
Carla:	Helles oder dunkles?
Carlos:	Dunkles.
Linus:	Was ist denn jetzt mit diesem Allemann?
Carla:	Ach so. Der hat auch den Husten.

Oliver hat Hunger

Dass Oliver seine Prinzipien hatte, wussten wir mittlerweile. Wir hatten aber auch den Eindruck, dass er sich an fremde Regeln hielt. Bei jedem seiner Besuche betonte er, wann er zu Hause sein müsse, und soweit wir dies beurteilen konnten, hielt er sich auch daran. Ausser es handelte sich um einen Notfall wie an jenem späten Abend, als er um fast zehn Uhr plötzlich bei uns am Buffet stand und nicht einmal beabsichtigte, eine Runde durch die Gasträume zu machen. Er kam direkt auf uns zu, wie gewohnt ausser Atem und dieses Mal auffällig unruhig und besorgt.
„Was machst du denn hier um diese Zeit?" Ich ahnte, dass sich etwas Ausserordentliches ereignet hatte. „Musst du nicht immer um acht Uhr zu Hause sein?"
„Doch, das muss ich! Aber ich fürchte, ich verhungere, wenn ich jetzt nicht etwas zu essen bekomme."
„Wieso das denn?"
„Das Nachtessen hat mir einfach nicht gereicht, ich hatte schon bald wieder Hunger. Ich sass vor dem Fernseher und sah mir einen Krimi an, aber ich konnte mich einfach nicht konzentrieren. Der Magen knurrte so laut, dass ich vom Film gar nichts mehr gehört habe."
„So laut hat der Magen geknurrt?!", fragte ich ungläubig.
„Ja, ich sage es Ihnen, ich hätte den Fernseher lauter stellen müssen, aber das darf ich auch nicht wegen den Nachbarn. Ich konnte mich überhaupt nicht mehr konzentrieren. Ich muss jetzt unbedingt etwas essen. Wirklich, ich verhungere sonst."
„Und wie bist du denn rausgekommen? Ich dachte, um diese Zeit musst du zu Hause bleiben."
„Ich bin einfach gegangen! Aber das ist es ja, ich darf das eigent-

lich nicht. Hätte ich mehr zu essen erhalten, hätte ich nicht gehen müssen!"
„Das hat niemand gemerkt?"
Er zuckte mit den Achseln. „Und wenn, dann ist es mir recht. Ich wollte das ja nicht! Aber wenn es zu wenig zu essen gibt, kann ich doch nichts dafür!"
„Hm."
„Ich mache das ja sonst nie. Aber die haben mich regelrecht dazu gezwungen, die Regeln zu missachten!"
Das war natürlich eine ganz aussergewöhnlich kreative Art, seinen spontanen Ausgang zu erklären. Ich führte ihn in die Küche, erklärte das Problem und überliess ihn meinem Exmann und Küchenchef zwecks Menuverhandlungen. Sie einigten sich nach einem längeren Geplauder auf einen Teller Pasta. Ich hatte allerdings den Eindruck, dass er lieber ein grosses Stück Fleisch gehabt hätte, aber wir wollten mal nicht übertreiben.
„Möchtest du noch einen Salat dazu?", fragte ich ihn, als er sich an seinen selbst ausgesuchten Tisch setzte.
„Ja. Und Brot. Und dann nehme ich noch eine Cola."
Der junge Mann fühlte sich offenbar zu Hause hier und benahm sich auch so, was wir ihm aber nicht übel nahmen. Er hatte eine so herrlich direkte, kompromisslose Art, da könnten einige von ihm lernen. Er gehörte manchmal fast ein wenig zu unserer kleinen Familie. Wenn er ein paar Tage nicht vorbeikam, fiel es auf, und wir fragten uns, wo er blieb. Und wenn ich ihn einmal verpasst hatte, so wurde ich am folgenden Tag sofort informiert:
„Oliver war gestern da."
Das war schön zu hören.
„Hat er gespielt?"
„Nein."
Noch besser.

Ein schwerer Fall

Jedes noch so abgeklärte Gemüt wurde schon beim ersten Schritt in unser Lokal von den warmen Farben, dem dezenten Licht und den vielen Kerzen von Geborgenheit eingehüllt, und der herrliche Duft nach gutem Essen weckte bei manch einem Gast das Gefühl, endlich nach Hause zu kommen. Viele trübe Geister wurden hier im Laufe des Abends wieder lebendig, und wer bereits fröhlich genug war, füllte die Räume mit zusätzlicher Freude. Es gab Abende, an denen die Gäste einander tischübergreifend mit ihrer guten Laune ansteckten. Die Stimmung schaukelte sich hoch, bis, meist zwischen 21.00 und 22.00, der Höhepunkt des abendlichen Lärmpegels erreicht war. Das laute Geplauder und Gelächter brachte dann das ganze Lokal regelrecht zum Knistern. So herrschte auch an diesem Samstagabend eine solch heitere Stimmung, als wäre ein grosses Fest im Gang. Im Service lief alles wie geschmiert, und die Küchenmannschaft zauberte in perfekt geübter Choreografie die wunderbarsten Kreationen auf die Teller. Mitten in dieser mitreissenden Stimmung schenkte ich an einem Tisch gerade Rotwein ein und wechselte mit den Gästen ein paar freundliche Worte, als mich ein dumpfer Lärm, dem ein seltsames Scheppern folgte, zusammenzucken liess.

Die Gäste verstummten auf einen Schlag, und alles stand für einen Moment still. Es schien mir, als sei ich die Einzige in Bewegung, denn ich eilte wie in Zeitlupe in den Saal, aus dem dieses Poltern gekommen war. Zwischen den Tischen fand ich einen gross gewachsenen Mann ausgestreckt zwischen verstreuter Blumenerde und umgefallenen Pflanzen am Boden liegen. Alle anderen Gäste sassen stumm und reglos an ihren Tischen und schauten entweder geschockt auf den Mann hinab oder orientierungslos ins Leere. Fast alle. Zwei Damen kicherten hinter ihren Champagnergläsern und waren in ihr Gespräch vertieft. Ich kniete mich hin und versuchte, am Handgelenk seinen Puls zu ertasten. Ich spürte nichts! War er etwa tot? Das durfte nicht sein! Ich lockerte seine Krawatte, öffnete sein Hemd und bemühte mich, nach Überwindung meiner anfänglichen Berührungsängste, den Puls an der Halsschlagader zu finden. Doch entweder war er wirklich tot, oder ich stellte mich besonders tollpatschig an, was ich sehnlichst hoffte, und es schien, als fieberten alle Gäste in der Nähe stumm mit.

Nun eilten auch eine Mitarbeiterin und ein Angehöriger des Mannes zu uns, und wir versuchten gemeinsam herauszufinden, ob er noch atmete. Der Angehörige erklärte, der Mann habe sich auf einmal nicht mehr wohlgefühlt und an die frische Luft gewollt. Dazu hatte es offensichtlich nicht mehr gereicht. Endlich fühlte ich einen sehr schwachen Puls, die Erleichterung war grenzenlos.

Ich hatte zuerst befürchtet, er sei im Gehen gestorben oder zumindest beim Hinfallen. Ein Wunder, dass man wie ein Brett zu Boden fallen und einen solch heftigen Aufschlag mit dem Kopf auf den Boden überleben konnte. Ich sprach ihn an und rüttelte ein wenig an den Schultern, aber er reagierte nicht. Er war bleich und grau im Gesicht, und ich entschied, diese Verantwortung nicht selber tragen zu wollen, und eilte zum Telefon, um die Nummer 117 zu wählen. Nein 118, nein, auch nicht. Wie war das gleich? 144 war, glaubte ich, richtig. Das wusste ich doch, Herrgott noch mal! Weshalb fallen einem solche Dinge nie ein, wenn es darauf ankommt? 114, das musste es sein, ich war mir sicher.

Ich gab mir Mühe, am Telefon möglichst ruhig zu bleiben und der Reihe nach aufzusagen, was man von mir verlangte: Name, Ort, was geschehen war und wer der Betroffene war. Wenn der Krankenwagen dasselbe Tempo hatte wie der enorm entspannte Mann am Telefon, dann war zu hoffen, dass er bis am kommenden Morgen hier eintreffen würde. Nein, ich regte mich nicht auf!!

Ich hatte keine Zeit dazu. Denn ich wollte nach dem Mann sehen, Gäste beruhigen, Wein nachschenken, Bestellungen aufnehmen, Essen bringen und wieder abräumen und noch jede Menge anderen unnötigen und doch dringenden Kram. Und ganz nebenbei vielleicht den Mann am Leben halten.

Zurück bei diesem, sah ich, dass sein Zustand unverändert und der Angehörige bei ihm war; so ging ich erst von Tisch zu Tisch, um die besorgten Gäste aufzuklären. „Alles in bester Ordnung, der Mann lebt, und der Krankenwagen ist unterwegs. Guten Appetit weiterhin. Lassen Sie sich nicht stören." Die beiden Plauderfrauen brauchte ich nicht zu beruhigen, sie unterhielten sich prächtig und lachten weiterhin frischfröhlich vor sich hin, zwar nicht laut, aber auffällig genug. Warum auch nicht? Eigentlich war das die richtige Art, mit dieser Situation umzugehen, als Aussenstehender konnte man ohnehin nichts ändern.

Der Ort hier zwischen den Tischen war äusserst ungünstig, denn wir befanden uns genau beim Durchgang von der Brasserie zum Saal. Aber eben, man kann ja nicht von einem Gast verlangen, sich zuerst zu überlegen, wo er ohnmächtig hinfallen soll. Immerhin war dort Platz genug zum Liegen, und er hatte sich nicht den Kopf angestossen. Doch jeder, der in den Saal rein oder raus wollte, um neue Speisen zu bringen oder auch nur eine frische Serviette, musste wohl oder übel einen grossen Schritt über den Mann machen. Wir empfanden dabei eine unglaubliche Respektlosigkeit ihm gegenüber, doch so war es nun mal, wir konnten ihn ja nicht verschieben. Er realisierte es ja nicht, sein komatöser Zustand schützte ihn zum Glück vor Peinlichkeiten. Wer will schon mitten in einem gepflegten und gut besetzten Speiselokal auf dem Parkettboden ein Nickerchen machen?

Bevor die Sanitäter einträfen, wollte ich dem armen Mann ein wenig Privatsphäre verschaffen. Dafür eignete sich ein Pflanzenkorb, der am Tisch der beiden Plauderdamen stand, die ich noch gar nicht aufgeklärt hatte; ich fürchtete, ich käme ohnehin nicht zu Wort. Sie hatten beide gerade wieder ihr Champagnerglas in die Hand genommen und lachten über das soeben Erzählte, als ich an sie herantrat.

„Entschuldigung."

„Ja?"

„Damit er am Boden ein bisschen abgeschirmt wird, möchte ich diesen Korb wegziehen, das ist sicher in Ordnung?"

„Wieso?", fragte die eine Dame.

Sie hatten mir wie erwartet gar nicht zugehört.

„Damit man ihn nicht so gut sehen kann."

„Wieso soll man ihn nicht sehen?", fragte die eine Dame.

Und die andere hängte an: „Er ist auf den Boden gefallen?"

Ich war verdutzt. „Ja, vorhin."

„Ist er kaputt?"

„Wie bitte??!" Hatte ich richtig gehört?

„Ist er kaputt?", wiederholte die ältere Dame, und ich verstand überhaupt nichts mehr.

„Wir wissen nicht, was geschehen ist, er sieht auf jeden Fall schlecht aus", versuchte ich zu erklären.

„Ich finde, er sieht noch recht gut aus!"

„Nein, nicht besonders, er ist ja ohnmächtig."

„Wie ohnmächtig?", fragte die eine und machte ein ratloses Gesicht, während die andere fragte: „Wie geht das denn?"

„Das wissen wir nicht, ich habe die Ambulanz gerufen."

„Die Ambulanz?" Die jüngere Dame wirkte sehr überrascht.

„Ja natürlich!"

„Für einen Baum?!", hängte sie an, und beide schauten mich verwirrt und ratlos an.

„Für welchen Baum??" Nun begriff auch ich überhaupt nichts mehr.

„Sie sagten doch, diese Pflanze sei auf den Boden gefallen und sei kaputt."

„Nein! Doch nicht die Pflanze! Dieser Mann hinter mir!"

Da schauten beide Damen offensichtlich zum ersten Mal auf den Boden und erschraken so sehr, dass der Tisch schepperte.

„Oh, da liegt ja jemand!! Das haben wir gar nicht gesehen!" Und das fand die eine wieder so lustig, dass sie sich zwar die Hand vor den Mund legte, aber ihr Lachen trotzdem durch den Raum schallte.

„Ich nehme nun den Korb mit der Pflanze mit. Bitte entschuldigen Sie mich."

Ich konnte kaum fassen, welch skurrile Situation ich soeben erlebt hatte, da hörte ich auch schon die Sirene des Krankenwagens. Hilfe nahte, ich war erleichtert. Endlich drang blau flackerndes Licht durch die Fensterfront und machte die ohnehin angespannte Situation noch dramatischer. Die Gäste in der Brasserie hörten auf zu essen und reckten ihre Hälse. Ich empfing die Rettungssanitäter am Haupteingang und führte sie, die voll mit Koffer und mächtigen, leuchtgelben Allwetterjacken bepackt waren, quer durch die Brasserie. Sie nahmen nicht nur den spärlichen Platz, sondern augenblicklich auch die gesamte Atmosphäre in Beschlag. Sie knieten sich zum Patienten nieder und öffneten unter zwei lauten Schnappgeräuschen den schwarzen, grossen Koffer. Unter normalen Umständen wäre ein solches Geräusch komplett im Lärmpegel der Gäste untergegangen, doch nun, da ein kollektives Schweigen herrschte und man ein Reiskorn auf den Boden fallen gehört hätte, war dieses Aufschnappen furchteinflössend. Während ich den beiden Sanitätern, so gut ich konnte, Auskunft gab, musterte ich neugierig den Inhalt des Koffers, der sich mir offenbarte: Eine Notfallstation in Kleinformat, ein Sammelsurium an lebenswichtigen Utensilien, deren Ordnung, Zweck und Reihenfolge sich leider meiner Kenntnis entzogen.

Die Rettungssanitäter begannen, sich gnadenlos durch ihre Checkliste zu kämpfen. Der Patient wurde leicht gerüttelt, seine Augendeckel wurden gehoben, und man leuchtete mit einer Taschenlampe in seine Augen, kontrollierte die Atemwege. Die

allgemeine Stille wurde jäh unterbrochen, indem einer der Sanitäter mit durchdringender Stimme rief:
„Hallo?! Wie heissen Sie!?"
„..."
„Hören Sie mich!?"
„..."
Schwer zu sagen, was schlimmer war, die Fragen, die in ihrer Lautstärke und Ernsthaftigkeit allen Anwesenden durch Mark und Bein drangen, oder das Ausbleiben der ersehnten Antwort.
„Hallo. H-ö-r-e-n S-i-e m-i-c-h?"
Die Stimme hallte im stillen Raum und frass sich durch das Herz eines jeden Gastes.
„Mögen Sie noch ein Glas Wein?", hörte man meine Kollegin an einem Tisch fragen.
„W-i-e h-e-i-s-s-e-n S-i-e!?"
Keine Reaktion.
Man fragte mich und den Angehörigen des Gastes, ob dieser Medikamente nehme, Allergien bekannt seien, was er gegessen habe. Wir beantworteten alles so gut wie möglich, und ich kümmerte mich danach wieder um den Service. Das Telefon klingelte, und die beiden Damen wollten noch einmal zwei Glas Champagner.

Als man dem Patienten eine Blutdruckmanschette anlegte, fiel mir zum ersten Mal auf, wie laut das reissende Geräusch eines Klettverschlusses sein konnte. Ein paar Minuten später trug ich mit einem grossen Schritt zwei Teller Kalbsschnitzel mit Safranrisotto über den Gast hinweg. Hier musste ich besonders achtgeben, denn bei diesem Gericht lief man immer Gefahr, dass die grosszügig bemessene Zitronenbuttersauce über den Tellerrand floss und auf den Boden tropfte. Den Patienten unter mir konnte ich verschonen, dafür wurde er gerade mit einigen Kabeln an einen mobilen Monitor angeschlossen. Sie machten ein EKG, das erkannte ich auch ohne medizinisches Hintergrundwissen über den Tellerrand hinweg. „Wie ist das Entrecôte, schmeckt's?", fragte meine Kollegin ein Ehepaar, das seinen Hochzeitstag zu feiern versuchte.

Nun waren die Hauptgänge für den am nächsten beim Patienten liegenden Tisch an der Reihe, der Zeitpunkt war höchst ungünstig. Die vier Gäste an diesem Tisch hatten schon seit ein paar Minuten gänzlich aufs Reden verzichtet, es hatte ihnen wohl den Appetit verschlagen. Ich trug zwei herrlich duftende Rindsfilets über die Notfallgruppe hinweg und stellte sie elegant vor die beiden Herren am Tisch, während einer der Sanitäter dem Patienten einen Ärmel hochkrempelte und der andere gut sichtbar eine Infusion vorbereitete. Der eine Herr am Tisch tat mir leid, er war mit der Situation komplett überfordert. Und schon bekamen die Damen die wunderbar angerichtete Dorade.

„Oh, das sieht aber schön aus." Der Versuch einer Frau, die Atmosphäre aufzulockern, verpuffte erfolglos. Neben uns wurde die Nadel gesteckt.

„Voilà, das Rindsfilet mit Barolosauce, Süsskartoffelstock und Gemüse und die gebratene Dorade an Hummerbuttersauce mit Venere-Risotto, Pak Choi und gebratenem Blumenkohl. Ich wünsche Ihnen einen guten Appetit. Möchten Sie noch ein Mineralwasser?"

Die Gäste verneinten, und ich wurde gebeten, die Infusion hochzuhalten.

Der Patient reagierte noch immer nicht. Der Koffer wurde geschlossen, ein Sanitäter stand auf und schritt mit der grossen Leuchtjacke durch unser Restaurant nach draussen. Ich übergab die Infusion meiner Kollegin und ging ihm hinterher, um zu erfahren, ob sie den Patienten mitnehmen würden. Man solle doch dafür sorgen, dass genügend Platz für eine Liege auf Rädern vorhanden sei, bat mich der nette Sanitäter, er könne nicht die einfachere Trage nehmen, der Patient sei zu schwer. Einfacher gesagt als getan, unser Altbau war verwinkelt und jede Ecke ausgenutzt. Die beiden Zweiertische in der Mitte mussten verschoben werden, so viel war klar, doch die Gäste sassen gerade beim Hauptgang. Ich erklärte ihnen die Situation, wofür sie natürlich Verständnis hatten, es blieb ihnen ja auch nichts anderes übrig. Die vier Personen erhoben sich, während ich die Tische einen halben Meter von der Mitte wegzog. „Können wir Ihnen helfen?", fragte einer der Gäste mit seinem Weinglas in der Hand und der grossen, weissen Serviette, die vom Hosenbund hing.

Da öffnete sich bereits wieder die Türe, und die Bahre wurde scheppernd in die Brasserie geschoben. Nach zwei Metern kam der Sanitäter nicht mehr weiter, denn ich musste zuerst den alten Spirituosenwagen aus dem Weg schaffen. Gespannt schauten mir die Gäste dabei zu, wie ich sehr langsam und vorsichtig den Wagen wegzog, der bedrohlich unter dem Gewicht der vielen Flaschen quietschte; dabei zitterten die schmalen, eleganten Grappaflaschen gefährlich und schlugen klirrend leicht aneinander. Nicht, dass mir die Grappaflaschen wichtiger gewesen wären als die Gesundheit unseres Patienten, aber eine Grappapfütze hätte die Rettungsaktion auch nicht positiv unterstützt. Die Bahre wurde langsam und ungeduldig hinter mir her geschoben.

„Möchten Sie in die Dessertkarte schauen?", wurde irgendwo gefragt.

Interessanterweise hatten die Gäste nun wieder zu plaudern begonnen. Vielleicht, um sich abzulenken, alle waren auf jeden Fall bemüht, den Abend, der so schön begonnen hatte, fortzusetzen. Man erzählte von den letzten Ferien im Tirol, über Erika, die eigentlich Floristin werden wollte und einfach keine Lehrstelle fand, und über das unglaubliche Geburtstagsfest von Thomas in der Waldhütte damals vor 20 Jahren. Damals hatte der Theo doch noch lange Haare, erfuhr ich, jetzt hatte er keine mehr. Ich übernahm wieder die Infusion. Die Ambulanzbahre lag nun flach am Boden, und unter einem lauten „Eins, zwei, drei!" wurde der Patient an Hosenbund und Oberkörper gepackt und auf die Liege gehievt. Die Trage wurde hochgezogen, und ihre Füsse klappten mit einem kalten Schnappgeräusch nach aussen. Metall auf Metall, ein besonders gemeines Geräusch hier bei uns, wo doch alles aus Holz war. Man nahm mir die Infusion ab und hängte sie an einen Haken.

Ich wollte am Tisch der vier verstummten Gäste Wein nachschenken, vielleicht würde das helfen, doch die Flasche war bereits leer, und man wollte keine zweite. Nun wurde der Patient gut eingepackt und angeschnallt, und das auf Tischhöhe, höchstens dreissig Zentimeter neben den Rindsfilets.

Am Nebentisch konzentrierten sich die Gäste so intensiv auf die Dessertkarte, als müssten sie diese auswendig lernen, und die beiden Damen redeten plötzlich nicht mehr und schauten nur noch auf den eingepackten Mann auf der schmalen Trage, der nun langsam aus dem Raum gefahren wurde. Der Infusionsbeutel schwankte dabei am Haken und reflektierte das Licht der Wandlampen fast so stark wie die Leuchtstreifen auf dem Rücken der gelben Sanitäterjacken.

Zu sehen, wie sich diese Gruppe langsam an den Tischen vorbei nach draussen schob, löste die Beklommenheit der Gäste langsam wieder. Es erinnerte mich an alte Filme, in denen man den Helden am Schluss der Geschichte in den Sonnenuntergang reiten sah. Dann war klar, es gab ein Happy End. Und so war es auch hier: Am nächsten Morgen erhielten wir einen Anruf vom Angehörigen des Patienten. Alles sei wieder in Ordnung, er habe sich beim Sturz keine Verletzungen zugezogen und sei wohlauf.

Oliver und das Geschwätz

Mir wurde eines Tages von einer Unterhaltung berichtet, die sich in einem anderen Lokal zwischen Gästen und Oliver zugetragen haben soll. Er wurde offenbar gefragt, wo er denn überall singe, dabei hatte er natürlich auch den Namen unseres Restaurants genannt, was ihm jedoch niemand glauben wollte. Die Chefs würden ihn dort sofort rausschmeissen, wurde behauptet, in diesem feinen Schuppen dürfe einer wie er sicher nicht Gitarre spielen. Und wenn er es trotzdem schon gemacht hätte, dann wahrscheinlich nur, weil gerade die Chefs nicht dort waren, anders wäre das nicht möglich.

Offenbar hat diese Unterhaltung unseren Oliver beschäftigt. Nicht lange, nachdem es mir zu Ohren gekommen war, kam Oliver vorbei, dieses Mal aber früher als üblich. Er schien auch nicht zu beabsichtigen, seine übliche Runde zu machen, sondern blieb beim Buffet stehen.

„Wer ist hier eigentlich der Chef?", fragte er vorsichtig und doch bestimmt.

„Hier vorne bin ich die Chefin", sagte ich.

„Du?!" Er war sichtlich überrascht. „Du bist Chef?"

„Ja. Wieso fragst du?"

„Das habe ich gar nicht gewusst."

„Du hast ja auch nie gefragt."

„Hast du auch schon mal jemanden rausgeworfen?"

„Ja, das habe ich."

„Wirklich?"

„Ja."

„Und wieso?"

„Wenn sich ein Gast nicht benehmen kann und unanständig ist, bitte ich ihn, nie mehr zu kommen oder sofort zu gehen."
„Was heisst unanständig?"
„Wenn er zum Beispiel frech ist zu unserem Personal oder frech zu anderen Gästen."
„Gibt es das?"
„Selten, aber ja, das hat es schon gegeben."
„Bin ich auch unanständig?"
„Nein, du bist doch immer sehr nett zu allen."
„Du würdest mich also nicht rausschmeissen?"
„Nein, auf keinen Fall, Oliver. Ich hätte keinen Grund dazu."
„Gibt es noch einen Chef?"
„Ja, den Küchenchef."
„Würde der mich rausschmeissen?"
„Nein, das würde auch er nicht. Du warst doch schon mal bei ihm und hast mit ihm geplaudert."
„Der?"
„Ja."
„Der ist Chef?"
„Ja. Er hat dir doch sogar mal gekocht, als du so hungrig warst."
„Dann würde er mich auch nicht rausschmeissen?"
„Sicher nicht."
„Aber hat er das schon einmal gemacht?"
„Ja, das hat er."
„Aber ich bin doch lieb, oder?"
„Natürlich bist du lieb, immer sehr nett. Wir würden dich nie rausschmeissen, Oliver."
„Dann ist gut. Ich muss jetzt gehen, ich muss heute früh zu Hause sein. Ich habe morgen eine Sitzung."
„Machst du heute keine Runde bei uns?"
„Darf ich?"
„Natürlich."

Zufrieden drehte er ab und ging ein paar Gäste begrüssen, wünschte ihnen einen guten Appetit oder einen schönen Abend und kehrte sehr schnell wieder zu mir zurück.

„Schon fertig?"

„Ja, weisst du, man darf nie zu lange an einem Tisch stehen bleiben und die Gäste nicht belästigen. Man darf immer nur kurz reden, und dann soll man wieder gehen, sonst stört man."

Für diesen Tipp war ich natürlich ausserordentlich dankbar.

Zwei kurze Episoden am Tisch

Ich: Ist bei Ihnen alles in Ordnung, schmeckt's?
Gast: Und wie! Sie müssen wissen, ich bin ein absoluter Stroganoff-Spezialist. Es gab in Zürich während meiner Jugend ein Restaurant, dort hat man das beste Stroganoff der Stadt bekommen. Der Geschmack war ausserordentlich und prägte sich bei mir ein. Irgendwann schloss das Lokal, und man bekam nirgends mehr ein Stroganoff dieser Qualität. Ich habe das immer sehr bedauert. Heute habe ich diesen Geschmack nach fast 30 Jahren wiedergefunden. Es ist absolut fantastisch!

Drei Tage später, zwei andere Gäste:

Ich: Ist bei Ihnen alles in Ordnung, schmeckt's?
Gast: Naja. Ich muss Ihnen sagen, ich bin ein Stroganoff-Spezialist. Ich habe mein Leben lang Stroganoff gegessen. Das hier, finde ich, schmeckt nicht so, wie ich mir ein echtes Stroganoff nach altem Rezept vorstelle.

Nur keinen Schweizer!

Die Freude des Wiedersehens war gross. So gross, dass die bereits anwesenden Herren sich erhoben, wenn wieder ein Kollege das Lokal betrat. Die teilweise euphorischen Begrüssungen waren laut genug, dass auch alle unbeteiligten Gäste daran teilhaben durften.
„Schau, der Paul. Ha ha ha! Gut siehst du aus", begleitet von Händeschütteln und einem kräftigen Schulterklopfen.
„Schön, dich zu sehen."
„Walter! Immer noch der Alte."
„Oski, toll, dass du kommen konntest."
„Ha ha ha. Schön, hat es geklappt."
„Max! Schau einer an."
„Lang ist's her!"
„Ja, weiss Gott!"
„Kommt der Hans nicht?"
„Ich habe nichts von ihm gehört."
„Seine Frau ist doch krank. Hat einen schlimmen Krebs."
„Ach ja? Schön! Eine schöne Beiz hast du hier ausgewählt."

Der Paul und der Oskar, deren Vornamen wir bis zu dieser unterhaltsamen Begrüssung nicht kannten, waren zwei bescheidene und freundliche Senioren, die regelmässig bei uns zu Gast waren. Einer der beiden überraschte mich immer wieder mit seinem jugendlichen Aussehen und seiner legeren Kleidung, an warmen Tagen krempelte er sogar seine Jeans hoch und sah in den Turnschuhen und mit der Freitag-Tasche über der Schulter besser aus als manch junger Hipster. Auf den Namen Oskar hätte jedenfalls niemand von uns getippt. Den Walther im beigen Sommeranzug und mit Ledermappe und den Max im Goretex-Karohemd kannten wir nicht. Wir wie auch alle anderen Gäste erfuhren nun auch, dass beide mit demselben Zug angereist waren, ohne sich dabei getroffen zu haben (dem Dialekt nach aus östlicher Richtung). Und wir lernten, dass beide von der Grösse unseres Bahnhofs beeindruckt waren. Den Max schien dies besonders zu überraschen, das hatte er in der Provinz nicht erwartet.

Als sie sich setzten, wurde es wieder ruhiger im Raum, und ich bekam nicht mehr viel von ihnen mit, denn ich war an anderen Tischen beschäftigt. Es fiel mir allerdings bald auf, wie der beige Walther relativ lange und professionell die Weinkarte studierte. „Professionell" in dem Sinn, dass ich ihm eine gewisse Vertrautheit mit Weinkarten ansah. Man sieht das aus der Distanz, da gibt es tatsächlich Unterschiede:

Wer mit den verschiedenen Weinregionen oder Traubensorten nicht so vertraut ist, blättert entweder orientierungslos hin und her, oder er liest die Karte sehr aufmerksam, ohne zu einem Ergebnis zu kommen; dabei fragt er regelmässig sein Umfeld oder sein Gegenüber um Wünsche oder Zustimmung bei einer möglichen Wahl. Er zeigt dann bei der Bestellung in der Regel mit dem Finger auf den ausgewählten Wein, um nicht den falschen zu bestellen, und nennt nur den Teil des Namens, den man fehlerfrei aussprechen kann. Dieser Typ Gast ist mir grundsätzlich sympathisch, weil er sich nicht diesem absurden Druck beugt, etwas von Wein verstehen zu müssen, sobald man über die Schwelle eines guten Speiserestaurants tritt.

Dann gibt es Gäste, die überhaupt keine Ahnung haben von Wein und mich zu sich rufen, um zu sagen: „Ich habe überhaupt keine Ahnung von Wein." Herrlich ehrlich. Weshalb soll eigentlich jeder, der essen geht, ein Weinprofi sein? Bei diesen Gästen findet man relativ schnell heraus, was sie mögen, gibt den einen oder anderen Wein zum Probieren und findet garantiert das Passende, denn meistens sind sie offen für Neues und lassen sich ohne Vorurteile beraten.

Gäste, die ebenfalls keine Ahnung haben, aber so tun als ob, bezahlen in der Regel die Rechnung und wollen zeigen, dass das Essen mit dem Gegenüber sie etwas kosten darf. Ihrem Gast nämlich gebührt die volle Aufmerksamkeit, und so gestatten sie sich kein langes Blättern, sondern suchen nach dem teuersten Wein oder dem bekanntesten Namen und bestellen mit geschlossener Weinkarte zum Beispiel „den Gaja, bitte". Das ist auch ok, es ist effizient, sieht gut aus, und man kann davon ausgehen, dass der Wein passt, denn diese Weine werden von einem Weintechniker, der meistens in einem Designerbüro sitzt, „passend" gemacht. Warum nicht.

Es gibt auch Gäste, die sich wirklich sehr gut auskennen, viel besser als ich, aber sie wissen es und brauchen es nicht auch noch von anderen bestätigt zu bekommen. Sie überfliegen die Karte äusserst entspannt, wissen bereits im Voraus, was sie ungefähr möchten, finden den betreffenden Abschnitt sofort, zielen auf die Traubensorte und den Jahrgang, und die Sache ist in wenigen Minuten erledigt. Sie können auch den komplizierten Teil des Namens aussprechen und tun es trotzdem nicht.

Entspannt ist die Situation auch, wenn jemand überhaupt keine Lust hat, nur wegen dieser lästigen Weingeschichte ein Gespräch zu unterbrechen, und mich einfach fragt: „Was hatten wir beim letzten Mal?" Ich brauche dann meistens eine Minute, doch sehr oft kann ich mich tatsächlich daran erinnern. Und wenn ich es doch nicht mehr weiss, frage ich meine Mitarbeiterin, die sich immer an die Weine der Gäste erinnern kann. Meistens schaut sie den Gast kurz von Weitem an und sagt nach einer Sekunde zum Beispiel: „Hacienda oder Mauro hatten die. Nein, Hacienda." Und weg ist sie wieder. Wenn ich dann mit der Flasche an den Tisch komme und frage, ob ihnen die Etikette bekannt ist, sind die Gäste jeweils begeistert.

Dann gibt es noch den Weinkenner, der meint, alles zum Thema zu wissen, aber genau genommen nur eine einzige Region gut kennt. Denn er hat sich vor 50 Jahren mit diesen Weinen durchs Studium gesoffen, und da er trotz Kater und Restalkohol die Prüfungen stets bestanden hatte, musste dieser Wein einfach ein Wundergetränk sein. Alles andere taugt nichts und wird abgelehnt. Und hier, in der letzten Gruppe, war wohl unser beiger Gast zu Hause.

Er benötigte für das Lesen der Weinkarte eindeutig zu lange, was nichts anderes bedeuten konnte, als dass er unter den rund 80 Positionen seinen Wein nicht fand. Weinkenner Walther nahm eine Körperhaltung ein, die derjenigen entsprach, die er wahrscheinlich einnahm, wenn die Zahlen seines Portfolios nicht seinen Erwartungen entsprachen, was nichts Gutes verhiess. Er schloss die Karte und legte sie neben sich auf den Tisch. Normalerweise verstand ich das als Signal, dass die Wahl getroffen war, hier aber hegte ich berechtigte Zweifel.

Ich: *(lächelnd und freundlich)* Haben Sie einen Wein ausgewählt?

Walter: *(Er mustert mich kritisch über den Brillenrand hinweg.)* Ich suche einen Sancerre. Aber ich finde keinen! *(Er lehnt sich zurück, verschränkt die Arme und mustert mich von Kopf bis Fuss, als hätte ich mir etwas zuschulden kommen lassen.)*

Ich: Sancerre haben wir momentan nicht, aber einen schönen Chablis oder einen Pouilly-Fuissé kann ich empfehlen, wenn Sie einen Burgunder wünschen.

Walter: Die will ich nicht, ich will keinen Chardonnay. Den Rest, den Sie da auf der Karte haben, kann man ja nicht zu Moules trinken, das müssen Sie zugeben. Das ist alles nichts! *(Seine Aussage unterstreicht er mit einer abschätzigen, waagrechten Handbewegung.)*

Oskar: Ooohoo! Unser Kollege will's aber wissen heute! *(verhaltenes Gelächter)*

Ich: Da bin ich anderer Meinung, wir haben sogar sehr

Walter:	schöne Weine, die wunderbar passen. Ich empfehle zum Beispiel den weissen Merlot aus dem Tessin. Nur keinen Schweizer! Der weisse Merlot passt sowieso überhaupt nicht. Doch keinen Tessiner zu Moules!
Ich:	Unsere Gäste mögen gerade diesen Wein zu den Moules, weil er leicht erdig ist, geschmacksintensiv und doch nicht fruchtig.
Walter:	Das kann ich mir nicht vorstellen.
Paul:	*(quer über den Tisch zu mir)* Wenn wir mit unserer Donnerstaggruppe hier sind, dann ist es weniger kompliziert, nicht wahr?

Ich lächelte dem Stammgast nur ganz dezent zu, ich wollte seinen Kollegen ja nicht blossstellen. Dieser war ohnehin dabei, das ganz im Alleingang zu erledigen, denn seinen Freunden wurde es offensichtlich peinlich.

Walter:	Sie haben keinen guten Burgunder. Ich verstehe das nicht. Was haben Sie denn für Weine!?
Ich:	Wir haben die Burgunder, die Sie auf unserer Karte sehen, und die sind sehr gut. Zudem haben wir hervorragende Weine aus anderen Ländern, die ich wärmstens empfehlen kann.
Walter:	Aber doch nicht zu Moules!
Paul:	*(fast entschuldigend)* Er ist ein grosser Kenner von Burgunderweinen, wissen Sie.
Ich:	Das freut mich. Wie wäre es mit einem Soave Classico aus dem Veneto, oder einem Pinot blanc?
Walter:	Ach, das passt doch nicht! Nein. *(Kopfschütteln)*
Paul:	Wieso denn nicht? Den Soave kenne ich, der ist super.
Ich:	Möchten Sie lieber einen spritzigen Waadtländer?

Walter:	Die habe ich schon gesehen, aber doch nicht zu Moules!
Ich:	Nein, würde ich eigentlich auch nicht empfehlen, doch ich versuche, herauszufinden, in welche Richtung es gehen könnte.
Walter:	Ich trinke doch keinen Schweizer zu französischen Moules!
Ich:	Unsere Moules kommen aus Holland.
Paul:	Haben Sie denn keinen Wein aus Holland?
	(Die anderen drei lachen.)
Walter:	*(Er blättert wieder in der Karte, ohne zu lesen.)* Sie haben nichts. Wer hat Ihnen diese Weinkarte zusammengestellt? Da gibt es ja nichts Schlaues.
Ich:	Ich.
Oskar:	Uuii.
Walter:	Sie?!
	(Er schaut mich an, als würde das alles erklären.)
Ich:	Wir haben im Keller nur Weine von Winzern, die unsere Philosophie teilen, und Produkte, hinter deren Qualität wir stehen. Wir finden bestimmt noch etwas, das trotzdem Ihrem Geschmack entspricht.

(Ich frohlocke über die spontane Wahl des Wortes „trotzdem" und bin einmal mehr überrascht, wie ein einzelnes Wort einer Aussage eine andere Bedeutung geben kann. Und auch darüber, dass es keiner gemerkt hat.)

Walter:	*(Er blickt wieder in die Weinkarte und reagiert auf gar nichts mehr.)*
Ich:	Soll ich Ihnen noch ein wenig Zeit geben? Ich komme in 2 Minuten wieder.
Walter:	Nein, Sie haben ja doch nichts.

Ich:	Aber eine Idee habe ich. Ich glaube nämlich, ich weiss, was Sie möchten. Ich habe Weine, die nicht auf der Karte stehen, sie sind in meinem privaten Keller. *(Beim Stichwort „privatem Keller" schaut er unvermittelt zu mir auf.)* Normalerweise mache ich das nicht, aber ich werde Ihnen dort einen Weisswein holen, von dem ich denke, dass er der Richtige sein könnte. Ich gebe ihn zum Probieren, und wenn er auch nicht passt, dann schauen wir wieder weiter. Ist das ein Vorschlag?
Walter:	Was ist es?
Ich:	Ich verrate noch nichts.
Walter:	Das wird nichts.
Ich:	Wir werden sehen, ich bin zuversichtlich.
Paul:	Unsere anderen Kollegen sind weitaus angenehmer und weniger anspruchsvoll, nicht wahr?
Ich:	*(Ich lächle dem Stammgast zu und winke ab.)* Machen wir doch eine Degustation, ich bin gleich zurück.

Ich eilte zum Buffet und bereitete drei Weissweingläser mit drei verschiedenen Weinen vor. Jedes Glas kennzeichnete ich mit dem Anfangsbuchstaben des jeweiligen Weines, damit ich nichts verwechselte. Dann wartete ich fünf Minuten, um den fiktiven Gang in meinen „privaten Weinkeller" zu simulieren, ging dann zurück an den Tisch und stellte dem Burgunderweinkenner die drei Gläser hin. Seine leicht unterdrückte Überraschung entging mir nicht.

Ich:	Bitte schön. Ich habe Ihnen drei verschiedene Weissweine gebracht, die alle problemlos zu Moules getrunken werden können. Einer davon ist der aus meinem Weinkeller. Aber lassen Sie sich Zeit, ich komme in fünf Minuten wieder. *(Ohne auf seine Ant-*

	wort zu warten, husche ich wieder davon, die Reaktionen sind trotzdem bis zum Buffet zu hören.)
Paul:	Ja, ja, die machen das hier öfters so.
Oskar:	Das ist Service, was?
Max:	Wirklich unglaublich. Das würde bei uns schon einen Fünfziger kosten.
Walter:	*(kein Kommentar, er probiert)*

Nachdem die Herren die Gläser herumgereicht und sich entschlossen hatten, ging ich wieder an den Tisch.

Ich:	Nun, wie sieht es aus?
Walter:	Das hier ist ein grossartiger Tropfen, hervorragend. Was ist das?
Ich:	Aha, das „K". Wie waren die anderen Weine?
Paul:	Das „W" mochte ich auch sehr. Was war das?
Ich:	Weisser Merlot aus Bellinzona.
Paul:	Ahaa. Der ist gut.
Walter:	Aber der mit dem „K" ist der Beste, der passt. Was ist es?
Ich:	Eine kleine Überraschung. Ein Kerner aus dem Baselbiet.
Walter:	...
Max:	Baselbiet?!
Paul:	Ah, der Kerner. Natürlich, der ist wunderbar!
Oskar:	Den hatten wir doch schon öfters, klar, der ist gut.
Paul:	Natürlich, wir sind ja noch immer sehr gut beraten worden hier.
Max:	Wirklich erstaunlich. Ein Kerner, sehr gut! Von wo?
Ich:	Aus Sissach.
Max:	Aha, soso. Sissach.
Walter:	*(Er hat sich genug Zeit genommen, um die Situation genau zu analysieren. Und jetzt, wo doch alle am Tisch hell begeistert sind, bleibt ihm nichts anderes übrig,*

	als ebenfalls in den Lobgesang einzustimmen.)
	Ah so, Kerner. Sehr gut, sehr gut. Ich habe selber erst gerade Kerner für mich privat gekauft.
Ich:	Dieser Kerner wird von einer innovativen, jungen Familie gemacht, sie hat hervorragende Produkte im Sortiment, alle von hoher Qualität.
Max:	Ja, ja!
Walter:	Hm. Was waren die anderen Weine?
Ich:	Links ein schöner Walliser Johannisberg ...
Walter:	Zu trocken.
Ich:	... und eben in der Mitte der Merlot bianco.
Walter:	*(den Kopf schüttelnd)* Hmm, nein.
	Nein, den Kerner nehmen wir.
Max:	Ist das eine Traube?
Ich:	Ja, Kerner ist eine eigene Traubensorte.
Walter:	*(abschätzig zum Kollegen:)* Aber ein Hybrid.
Max:	*(zu mir:)* Er ist ein Weinkenner.
Ich:	Genau, es ist eine Kreuzung von rotem Trollinger und Riesling.
Walter:	Österreich?
Ich:	Deutschland.
Max:	*(zu seinen Kollegen:)* Sie hat eine Ahnung von Wein!
Paul:	Wir hatten noch immer eine gute Beratung.
Max:	*(zu mir:)* Wir haben früher international zusammengearbeitet. Import/Export.
Ich:	So, das ist aber schön.
	Dann bringe ich gleich eine Flasche Kerner, vielen Dank.

Und so war alles wieder in Ordnung, alle waren zufrieden, ein Teil hatte sich amüsiert, ein anderer nicht so sehr, aber zum Schluss waren alle davon überzeugt, einen Wein aus meinem privaten Keller zu trinken. Tatsächlich war dieser Kerner in unserer Weinkarte aufgeführt und weder privat noch sonst wie exklusiv. Aber gut war er. Jeder musste sich nun eingestehen, dass dieser Weisswein dem Burgunder in nichts nachsteht und sogar zu Moules passt. Aber das hatte unser neuer Gast ja schon immer gewusst.

Russischer Besuch

Es war an einem nicht ausgebuchten Abend im Herbst, als die Tür aufging und 10 Personen reinmarschierten. Unser Eingangsbereich bietet sehr wenig Platz, man steht nach drei Schritten bereits bei den ersten Tischen, doch da es regnete, drängten sich alle zehn ins Trockene und standen wie eine verlorene und durchnässte Schafherde zwischen Spirituosenwagen, besetzten Tischen und Windfang beieinander. Ich steuerte den vordersten, glatzköpfigen Mann mit Lederjacke an, und bevor ich ihn begrüssen konnte, hob er beide Hände mit ausgestreckten Fingern in die Höhe und sagte „ten", während die anderen neun fröhlich miteinander auf Russisch plauderten, falls ich die Sprache richtig erkannte.

Tatsächlich konnten wir kurzerhand ein paar freie Tische, die zufällig nebeneinander standen, zusammenschieben und eine lange Tafel für die spontanen Gäste machen. Während dieser Vorbereitung bat ich eine Mitarbeiterin, im Keller schon mal drei Flaschen Wodka zu holen und kühl zu stellen. Die zehn Personen standen uns und den anderen Gästen zwar ziemlich im Weg, aber sie beobachteten uns fröhlich und schienen sich darüber zu freuen, dass wir uns eine solche Mühe gaben, um einen schönen Tisch herzurichten. Sie sprachen uns an, und wir verstanden kein Wort. Doch der emporgereckte Daumen zeigte uns, dass sie uns dankten und irgendetwas wahnsinnig toll fanden. Nur der Mann in der Lederjacke beobachtete uns mit verschränkten Armen kritisch und kommentarlos. Er hatte die bedrückende Ausstrahlung eines verärgerten Prüfungsexperten, der einen nur schon durch seine raumfüllende Präsenz unsicher machen konnte.
„What would you like to drink?", fragte ich freundlich, als sie alle Platz genommen hatten, unsicher, ob sie verstanden, was ich von ihnen wollte.

„Red wine", sagte ein gepflegter Mann um die fünfzig und blickte seine Kollegen an, die sofort nickten und weiterplauderten.
Aha, also doch kein Wodka. Oder vielleicht später.
„I will bring you the wine list." Ich wollte mich schon abdrehen, um die Weinkarte zu holen, da rief er: „No, no, bring red wine, no list. Swiss okay."
Meinetwegen, ich brachte ihm also ein wenig von unserem Tessiner Merlot zum Probieren: Er leerte das halbe Glas in einem Zug und deutete mit der Hand an, ich solle mehr bringen und allen einschenken. Danach verteilte ich die englischsprachige Speisekarte und erklärte der lustigen Gruppe möglichst langsam und gut artikulierend auf Englisch die Tagesempfehlung.
„Our recommendation of the day is a very tender entrecote of red deer with homemade chestnut flour dumplings, pumpkin and quince puree." Während dem Sprechen realisierte ich, dass das, was ich da tat, vollkommen sinnlos war, denn ich war mir sicher, dass kaum einer verstand, worum es sich bei diesem Gericht handelte. Die Übersetzung für Hirsch, Spätzli, Kürbis und Quittenpüree gehört bekanntlich nicht zur ersten Lektion einer Fremdsprache. Der Mann in der Lederjacke machte keine Anstalten, die Speisekarte in die Hand zu nehmen, und fixierte mich weiterhin mit verschränkten Armen und düsterem Blick. Ich fragte mich in diesem Moment, welchen Beruf er wohl ausübte, und wollte es gleichzeitig auf keinen Fall erfahren. Er schien eher für die gröberen Aufgaben verantwortlich zu sein.

Leider sprachen nur drei Personen am Tisch gebrochen Englisch und bemühten sich, meine Empfehlungen ins Russische zu übersetzen. Was „red deer" sein sollte, wussten allerdings auch sie nicht. Ich schaute im digitalen Wörterbuch nach und zeigte ihnen das Ergebnis auf meinem wahnsinnig intelligenten Telefon, das sie mir aus den Händen nahmen und rumreichten. Doch dieses russische Wort kannte leider ebenfalls keiner von ihnen. Eine Dame glaubte etwas zu deuten und fragte in die Runde, worauf alle in lautes Gelächter ausbrachen. Ich hätte gern daran teilgehabt, das muss wirklich sehr lustig gewesen sein. Als sie sich wieder beruhigt hatten und eine Dame sich die Tränen abwischte, suchte ich den Umweg über Bambi von Walt Disney und streckte meine beiden Zeigefinger oberhalb meiner Stirn in die Höhe, um ein Geweih zu simulieren.

„Mää-ä-ä-ää?", blökte mich einer der Russen freundlich an. Offenbar waren meine Zeigefinger zu klein und schafften es höchstens zur Grösse von Ziegenhörnern.

„No no!", erwiderte ich und begann ein lächerliches Pantomimen-Spektakel inmitten meines Restaurants, gut sichtbar auch für alle anderen Gäste.

„A big animal in the forest," erklärte ich und hielt beide Hände mit gespreizten Fingern auf den Kopf, „with big deer horns."

„Moose?", fragte mich ein anderer Russe, nein, einen Elch meinte ich nicht. Als nun alle am Tisch sich an dem Pantomimenspiel beteiligten und mindestens 6 der 10 Russen mit den Händen über dem Kopf und gespreizten Fingern einen Hirsch nachmachten, fand einer dann offenbar plötzlich die richtige Bezeichnung und sagte es in die Runde. „Aaah ooh aaah!" von allen Seiten am Tisch.

Um herauszufinden, ob es sich nun auch wirklich um das richtige Tier handelte, hielt einer der Russen seine zwei leicht geöffneten Fäuste hintereinander an den Mund und röhrte lautstark in die Luft. Alle lachten und waren begeistert, einer seiner Kollegen tat es ihm gleich. Nur der Glatzköpfige liess sich nicht aus der Ruhe bringen. Es irritierte mich, wie er so dasass und mich mit einem Pokerface fixierte. Ich hätte nie gedacht, dass ich mal so nahe bei einem Profikiller stehen würde und ihn sogar in unserem kleinen Lokal bedienen sollte. Das war schon aussergewöhnlich. Aber ich versuchte, mir meine Unsicherheit nicht anmerken zu lassen.

Die Bestellung des Hauptganges ging danach viel schneller über die Bühne als erwartet. Sie waren unkompliziert und bestellten fast alle mit den Händen über dem Kopf den Hirsch, ohne sich die Mühe zu machen, die richtige Bezeichnung zu sagen. Die Hände über dem Kopf waren klar genug.

Als ich fragen wollte, ob sie auch eine Vorspeise möchten, begannen wir allerdings wieder von vorn. Salat, nach meiner Vorstellung ein Wort, welches in vielen Sprachen verstanden wird, kannte zu meiner grossen Enttäuschung niemand. Denn dies hätte eine Vorspeisenauswahl beträchtlich verkürzt. Salat, salad, salade, insalata, ensalada – alles habe ich ausprobiert, was mir bekannt war. Google Translation half ebenfalls nicht weiter, auch dieses „russische" Wort, das mir angezeigt wurde, hatte noch nie einer dieser Russen gesehen. Entweder kamen die komplett aus der Pampa, oder dieser Übersetzungsdienst war unbrauchbar.

Ich ging also in die Küche und holte eine kleine Schüssel mit grossen Salatblättern aus dem Kühlschrank, um sie den Gästen zu zeigen. Im Restaurant war es mittlerweile unter den anderen Gästen recht ruhig geworden, denn sie lauschten alle dem lustigen Spektakel, welches sich ihnen auf Russisch, Englisch und pantomimisch bot. Die Schüssel wurde mir sofort aus den Händen genommen und herumgereicht. Der Erste pflückte sich ein Salatblatt und stopfte es sich in den Mund, die anderen taten es ihm gleich; alle kauten plötzlich trockene Salatblätter und nickten einander fröhlich zu. So dachte ich, kann ich ihnen den Salat nicht verkaufen; ein blosses Salatblatt zu kauen, weckt nicht gerade die höchsten kulinarischen Gefühle. Doch alle nickten wieder zufrieden und bestellten diese sonderbaren grünen Blätter.

Auch Pokerface bestellte die Blätter und den Hirsch, allerdings tat er dies mit einem einzigen, aber klaren Fingerzeig, welcher auf die Kollegen deutete. Während dieser stummen paar Sekunden fragte ich mich, ob ich ihm mit derselben Miene begegnen sollte, um ihm meine Unbestechlichkeit und Unbeugsamkeit zu signalisieren, um ihm zu zeigen, dass er mich keineswegs irritierte, was natürlich überhaupt nicht stimmte. Oder ob ich ihn vielleicht doch noch mit Freundlichkeit und Charme knacken könnte. Ich entschied mich für die zweite Strategie und war dennoch froh, mich nach der Bestellung von ihm entfernen zu können.

Selten sah ich Gäste, welche sich so sehr über einen grünen Salat freuten und sich darüber sogar interessiert unterhalten konnten. Der Wodka war mittlerweile kühl genug, aber sie waren mit Wein und Bier vorerst zufrieden. Der Hauptgang schmeckte ihnen offenbar ausserordentlich. Als ich fragte, hoben sie entweder den Daumen nach oben oder machten grosse Augen und nickten, und einer schickte mir sogar einen Kuss durch die Luft. Auch den Killer fragte ich freundlich, um ihn auf meiner Seite zu haben, was sicher nicht falsch sein konnte. Man begegnet sich ja bekanntlich immer zweimal im Leben. Er nickte nur und schaute mich nicht einmal an, schade, wo ich doch so freundlich lächelte.

Kaum war alles abgeräumt, rief bereits der eine: „Coffee", und ich nahm die Kaffeebestellung auf. Der Mann fürs Grobe wollte kein Dessert, und somit nahmen auch alle anderen keins. Ich konnte das natürlich verstehen. Dass sie bezahlen wollten, war mit der allgemein gültigen Handbewegung schnell erraten, dafür braucht man kein Russisch. Es ist doch interessant, wie weltweit jeder, auch wenn er bar bezahlt, die Hand nach oben hält und eine Bewegung macht, als würde er in der Luft unterschreiben. Unterschriften braucht es seit Längerem nicht mehr, und doch wird es noch von allen so gemacht und verstanden.

Die lustigen Russen rauschten so überraschend schnell wieder davon, wie sie gekommen waren. Pokerface ging als Letzter Richtung Ausgang, und in meinen Gedanken zogen alle Mafiafilmszenen vorbei, in denen er die perfekte Hauptbesetzung gewesen wäre. Er holte mich aus meinem Kopfkino und hielt direkt vor mir, gab mir die Hand und sagte mit einem warmen Lächeln, strahlenden Augen und in sehr gutem Englisch: „This was the best food I had in Switzerland. Your restaurant is a beautiful place and you and your team made a fantastic job. Thank you very much.

We will come back whenever we are here. Thank you, take care and goodbye."

Da war ich platt.

Und trug die Wodkaflaschen zusammen mit allen Vorurteilen zurück in den Keller, wo sie hingehörten.

Kurze Episode an der Türe

Alte Frau: *(zu meiner Mitarbeiterin:)* Es war wunderbar, vielen Dank, auf Wiedersehen.
(zu ihrem Mann:) Komm, Schätzchen!
Alter Mann: *(zu seiner Frau:)* Geh schon vor, ich komme.
(zu meiner Mitarbeiterin:) Ich habe mich heute Mittag in Sie verliebt. Ihre Augen und Ihr Lächeln werde ich nie vergessen.
Alte Frau: *(von draussen zu ihrem Mann:)* Kommst du?!
Alter Mann: Sie sind wunderschön. Auf Wiedersehen. Ich werde Sie nie vergessen.
Alte Frau: *(zu ihrem Mann:)* Du kannst hier warten, ich hole das Auto.
Alter Mann: Ja ja, ich komme.
(lächelt meine Mitarbeiterin noch einmal an)

Hauptgang

Petra: Monika hatte eine heftige Lungenentzündung. Ganz schlimm, hat lange gedauert.
Adrian: Oh.
Peter: Dieses Jahr waren viele Leute krank, bei uns im Büro hatten drei eine ziemlich heftige Grippe.
Adriana: Claudia auch. Und Paul.
Adrian: Von Claudia?
(Gelächter)
Adriana: Natürlich nicht, was denkst du denn.
Petra: Was macht eigentlich Paul?
Adriana: Ich weiss auch nicht so genau. Er studiert irgendetwas.
Petra: Immer noch?
Adriana: Wieder. Er studiert jetzt etwas anderes.
Peter: Ist er immer noch mit dieser ... wie hiess sie noch gleich?
Adriana: Simone.
Peter: Simone? Meinetwegen, Simone.
Adriana: Nein, schon lange nicht mehr.
Peter: Schade, die war nett. Hat er keine Neue?
Adrian: Eben, wahrscheinlich die Claudia, die ihm die Grippe angehängt hat.
(Gelächter)
Adriana: Nein, das ist doch nicht wahr!
Adrian: Wieso nicht? Woher willst du denn das wissen?
Peter: Genau, könnte ja sein.
Adriana: Nein. Die steht nicht auf solche Typen.
Adrian: Was heisst denn das jetzt? Solche Typen?

Adriana:	So Ferienlagertypen, sieht aus, als käme er direkt von einem Überlebenscamp. Fährt das ganze Jahr über mit einem Surfbrett auf dem Auto umher, obwohl weit und breit kein See ist, geschweige denn ein Meer mit Wellen.
Petra:	Macht der das?
Adriana:	Ja, seit Jahren.
Petra:	Vielleicht geht er ja am Wochenende surfen.
Adrian:	Das ist jetzt Mode, der hat eben Style.
Petra:	Er war doch mal in Australien.
Peter:	Ich war auch mal in Lappland und fahre aber deshalb nicht mit einem Rentier auf dem Auto durch die Stadt.
Petra:	War nicht Claudia letztes Jahr in den Surf-Ferien in Australien?
Adrian:	Siehst du!
Adriana:	Ach, hört doch auf. Sie war auf den Kanarischen Inseln. Mit Freundinnen.
Adrian:	Wo sind die eigentlich?
Adriana:	Die Freundinnen?
Adrian:	Die Kanarischen Inseln.
Petra:	Im Indischen Ozean, bei Afrika, oder nicht?
Adriana:	Ich denke, der Indische Ozean ist bei Indien und nicht bei Afrika.
Petra:	Der ist gross und reicht von Indien bis nach Afrika runter.
Adriana:	Afrika ist doch nicht unterhalb von Indien!
Petra:	Natürlich nicht, ich sage ja BEI Afrika und nicht IN Afrika. Afrika ist links davon.
Adriana:	Also wo jetzt?
Adrian:	Jetzt müsste man wissen, wo links und rechts ist.
Adriana:	Ich habe gemeint, sie musste nicht so lange fliegen.
Adrian:	Sind die nicht unterhalb von Spanien?

Peter:	Ja.
Adriana:	Da wäre ja schon wieder Afrika. Unterhalb von Spanien ist Afrika, oder etwa nicht?
Adrian:	Links von Afrika natürlich. Ich glaube, die gehören sogar zu Spanien. Und da ist übrigens nicht Indien.
Adriana:	Wie lange fliegt man dorthin?
Peter:	Links von Marokko im Meer.
Petra:	Inseln sind meistens im Meer.
Peter:	Immerhin von oben betrachtet.
Adriana:	Wie von oben? Wie sehen denn Inseln von unten betrachtet aus, bitteschön?
Adrian:	Wie soll das denn gehen? Meinst du, da schwimmen einfach so Inseln rum, wie kleine Gummiboote?
Peter:	Der Boden ist ja zusammen mit Afrika, eine Insel schwimmt ja nicht, es sieht ja nur aus, als wäre es eine Insel. Hätte es weniger Wasser, wäre es ja nur ein Berg.
Adriana:	Das wissen wir auch, du Klugscheisser.
Peter:	England war auch mal keine Insel. Da konnte man noch von Holland zu Fuss nach England.
Petra:	Echt? Wo war denn das ganze Wasser damals, als es nicht da war?
Adrian:	Da ist auch Gran Canaria, oder nicht?
Adriana:	In England?!
Adrian:	Nein, auf den Kanarischen Inseln.
Adriana:	Ach so.
Peter:	Das Wasser war Eis, es gab viel grössere Gletscher.
Adriana:	Ja ja, die Klimaerwärmung.
Petra:	Ach hör mir damit auf!
Adriana:	Wieso denn?
Petra:	Das Thema hängt mir langsam zu den Ohren raus.
Adriana:	Der Erde ist aber nicht geholfen, indem du deine Ohren schützt.

Adrian: Lass das bitte, Schatz. Wir wollen es heute Abend gemütlich haben.
Adriana: Wieso denn? Herrscht Zensur hier am Tisch?
Petra: Ah, der Hauptgang kommt, herrlich, wie das duftet!
Peter: Wohin geht ihr eigentlich diesen Sommer in die Ferien?

Ausnahmezustand

Die Gesundheit einer meiner jungen Mitarbeiterinnen hatte mir schon länger Sorgen bereitet. Es quälten sie manchmal sehr starke Schmerzen in der Bauchregion, deren Ursache bisher auch ihr Hausarzt nicht herausgefunden hatte. Dabei war sie alles andere als eine Simulantin, sie versuchte meist, die Schmerzen zu verbergen, aber man sah es ihr an. An solchen Tagen hatte sie dunkle Augenringe, war bleich und äusserst wortkarg, was ihrem Naturell überhaupt nicht entsprach. An einem voll besetzten Samstagabend stöhnte sie plötzlich laut auf, sackte hinter dem Buffet zusammen und riss einen Stapel Werbekarten sowie zwei Gläser mit zu Boden. Eine andere Mitarbeiterin war gerade zur Stelle, fing sie auf und setzte sich mit ihr auf den Boden, um sie zu stützen. Das Geklirr war unüberhörbar, und für einen Augenblick wurde es still im Raum. Die Gäste schauten sich kurz um, konnten keine Ursache erkennen, und so schnellte der Lärmpegel wieder in die Höhe, sie konnten ja nicht hinter den Tresen sehen. Es war ein skurriles Bild, das sich uns dort bot. Zwei schwarz gekleidete, junge Frauen lagen auf dem Boden, in einem Durcheinander von Scherben und schwarz-weissen Postkarten, auf denen nichts anderes als hundertfach „IPFO" zu lesen war. Ironischerweise waren es Werbekarten für ein Fotofestival. Ein Bild davon hätte das perfekte Werbeplakat gegeben und wurde gerade für immer auf meiner persönlichen Festplatte gespeichert.

Der Anblick ihrer Gesichter holte mich allerdings augenblicklich in die ernste Gegenwart zurück. Die eine Mitarbeiterin machte grosse Augen, und die andere war kaum mehr ansprechbar, zitterte und hatte offensichtlich Mühe, zu atmen. Nach einer ersten Überprüfung ihres Zustands entschieden wir uns, sie ein paar Minuten auf dem Schoss der Kollegin ruhen zu lassen und sie zu beobachten. Ich sollte währenddessen ihre Tische übernehmen. Zuvor waren wir zu viert schon nahezu an der Kapazitätsgrenze angelangt, nun waren wir noch zu zweit. Hinter dem Buffet herrschte eine Ausnahmesituation, es war dort ohnehin schon eng genug. Jetzt galt es, besonders vorsichtig die heissen Speisen aus der Küche an den beiden vorbeizutragen. Unsere treue Buffetdame hatte bereits vorsichtig die Scherben um die beiden jungen Frauen weggewischt und die Karten aufgehoben, doch wenn sie die Spülmaschine öffnen musste, um einen Korb voll Gläser rauszuholen, tropfte immer ein wenig Wasser auf das Bein der einen Mitarbeiterin. Kaum hatte ich zwischen den Bestellungen und dem Einschenken von Wein etwas Zeit, widmete ich mich wieder unserer Patientin und tastete vorsichtig ihren Bauch ab. Eine akute Blinddarmentzündung hätte gepasst, nur dass der Schmerz auf der falschen Seite lag. Ich war ratlos.

„Hat der Schmerz etwas nachgelassen?"

Sie nickte kaum merkbar, hielt aber die Augen geschlossen, und ihr Gesicht war schmerzverzerrt.

„Wo ist dein Schmerz auf einer Skala von eins bis zehn? Null wäre kein Schmerz, zehn nicht auszuhalten."

Sie seufzte, reagierte aber nicht.

„Hast du die Frage verstanden?"

Die Köchin kam aus der Küche und rief verärgert: „Es stehen Suppen da!" Doch als sie sah, dass wir zu dritt am Boden kauerten und zum Teil lagen, sah sie ein, dass die Suppen nur zweite Priorität genossen. (Das war bemerkenswert. Für einen wahren Koch gibt es nie etwas Wichtigeres als den soeben angerichteten Teller, da könnte das Haus einstürzen – doch zuerst werden die warmen Teller weggebracht und erst dann Frauen und Kinder.) Die andere Kollegin kam gerade mit schmutzigem Geschirr um die Ecke, stellte alles einfach hin und verschwand wieder mit den Suppen.

„Neun", seufzte die Patientin am Boden, ich konnte es kaum verstehen. Neun. Das war mehr als genug, ich musste handeln.

„Ich bestelle jetzt die Ambulanz, damit sich jemand um dich kümmert."

„Nein. Es geht schon. Wird schon wieder", sagte sie kaum hörbar, die Augen noch immer geschlossen.

Sie war eine Kämpferin, das wusste ich. „So stark hattest du das noch nie!"

„Doch", hauchte sie. „Geht vorbei."

Diese Antwort zeigte mir erst recht, dass meine Entscheidung richtig war. Sie hätte schon längst professionelle Hilfe in Anspruch nehmen müssen, nun lag die Entscheidung bei mir, das war mir recht. Ich rief den Notfalldienst an, erklärte die Situation, und wenige Minuten später flackerte blaues Licht durch die Fensterfront unseres Restaurants. Die Gäste streckten die Hälse, um zu erfahren, was es da draussen wohl zu sehen gäbe, sie konnten ja nicht ahnen, dass sich die Notfallszene wenige Meter neben ihnen im selben Raum befand, nur eben versteckt hinter dem Tresen.

Um möglichst wenig Aufsehen zu erregen, wollte ich nicht, dass die Ambulanz vor dem Haupteingang parkte. So hastete ich durch die Küche hindurch zum Seiteneingang, um den Fahrer einzuweisen. Als er mich erblickte, stand er aber bereits da, wo ich ihn nicht haben wollte, genau vor dem Restauranteingang. Auf mein Zeichen hin fuhr er rückwärts in meine Richtung und kam dabei ziemlich schräg auf der Strasse zu stehen. So fuhr er wieder nach vorne und versuchte es noch einmal. Nun kam er in die andere Richtung schräg zu stehen und blockierte das Trottoir, woraufhin er erneut zu korrigieren begann. So ging es hin und her, ich konnte es kaum fassen. Ich sollte zurück zu den Gästen, die mittlerweile bestimmt gemerkt hatten, dass nicht alles lief, wie es sollte. Doch ich stand hier und half dem Ambulanzfahrer beim Parken. Da näherte sich von den Toiletten her eine ältere Frau und kam, statt zurück ins Restaurant zu gehen, direkt zu mir, um zu sehen, was los war.

„Ist etwas passiert?"
„Ja. Nicht tragisch, danke der Nachfrage". Ich hoffte, sie würde weitergehen. Der Fahrer kam nun dem Parkverbotsschild gefährlich nahe.
„War es ein Gast?"
„Nein, jemand aus unserem Team."
Da konnte er keinesfalls stehen bleiben, so konnte man die hinteren Türen nicht öffnen, also fuhr er wieder nach vorn und noch einmal zurück. Wie war das möglich!
„Aus der Küche? Hat sich jemand geschnitten?"
„Nein, aus dem Service", sagte ich kurz angebunden. Merkte die Frau denn nicht, dass ich nicht bereit war, Auskunft zu geben?!
„Oh, eine dieser netten jungen Damen? Oh jeee!"
Ich reagierte nicht und hoffte noch immer, dass der Fahrer den Wagen endlich am richtigen Ort zum Stehen brächte.
„Wer war es denn?"
„Entschuldigen Sie, ich muss schauen, dass die Ambulanz endlich parkt."
„Was hat sie sich denn getan?"
„Ich kann jetzt nichts sagen. Pardon."
„Was ist denn passiert? Wird sie ins Spital gebracht?"
„Ich weiss es nicht! Gehen sie doch bitte wieder an den Tisch, dann sage ich es Ihnen, wenn ich Zeit habe." Der Motor wurde ausgeschaltet, die Türen gingen auf, und die Herren in den grossen Leuchtwesten stiegen aus. Endlich.
„Oh jesses. Ich hoffe, es kommt alles gut!", rief die Schaulustige und hielt die Hände vor den Mund.
„Ja, sicher. Guten Abend, die Herren. Ich habe Sie gerufen, bitte hier lang." Die Dame stand im Weg und war so angetan von dieser Szene, dass sie es nicht einmal merkte. Das Notfallteam schob die Frau sanft zur Seite und folgte mir durch die Küche hinter das Buffet zu der Mitarbeiterin, die noch immer unverändert und zitternd da lag. Ich gab dem Sanitäter so viele Informationen wie

möglich und konnte mich, nachdem ich den Rettern die Verantwortung übergeben hatte, endlich wieder um den Service kümmern.

Die einzige Mitarbeiterin, die während dieser Zeit noch normal funktionierte, war verständlicherweise komplett überfordert. Ich räumte erst einmal drei Tische ab, die Gäste hatten schon länger vor den leeren Tellern gesessen. Die Rettungssanitäter begannen währenddessen, unsere Mitarbeiterin zu untersuchen und ihren Notfallkoffer auszubreiten, soweit dies überhaupt möglich war auf diesen drei Quadratmetern. Nun war dort kaum noch ein Durchkommen, und doch mussten wir mit heissen Suppen, duftenden Rindsfilets und schmutzigem Geschirr irgendwie an ihnen vorbeiklettern. Ich beantwortete hie und da ein paar Fragen und ging wieder von Tisch zu Tisch. Das Notfallensemble lag unglücklicherweise auch genau vor der Weisswein-Kühlschublade, ich musste sie zweimal bitten, kurz Platz zu machen, um an eine Weinflasche zu kommen.

Die sieben Personen am Fenster hatten mich schon lange fixiert und warteten darauf, ein Dessert bestellen zu können. Als ich endlich bei ihnen war, hoffte ich, sie würden sich möglichst kurz fassen. Aber es kam anders. „Ich entschuldige mich für die Verspätung. Wir hatten einen Unfall. Haben Sie gewählt?"
„Oh, ein Unfall! Was ist denn geschehen?", fragte eine ältere Dame mit Föhnfrisur.
„Eine Servicemitarbeiterin ist zusammengebrochen. Aber sie ist jetzt in guten Händen."
„Oh je, wer denn?"
„Die junge Dame mit dem langen Haar."
„Die Blonde?", fragte die zu stark geschminkte junge Frau.
(„Die Blonde" hatte kurzes Haar.)
„Nein, sie war im anderen Raum eingeteilt und kaum bei Ihnen am Tisch."
Ein wildes Durcheinander von Fragen und Spekulationen folgte.

„Welche war das?" – „Die Dünne." – „Ich weiss, welche, ja, die hatte lange Haare." – „Welche denn." – „Ich weiss nicht, welche." – „Doch, sie hat so lange Haare." – „Ach, die!" – „Die haben alle lange Haare." Es hätte ewig so weitergehen können, also unterbrach ich sie:
„Haben Sie ein Dessert gewählt?"
„Ja also. Hm", antwortete als Einziger der Mann am Kopf des Tisches; auf seinem Hemd prangte ein markanter Fleck. Ich tippte auf Stroganoff-Sauce. Er schaute unschlüssig in die Runde.
„Schokoküchlein.", sagte der junge Mann links.
„Welche Eis-Aromen haben Sie denn?", fragte die Frau in der Dalmatinerbluse neben dem Stroganoff-Mann.
Hinter meinem Rücken verliess gerade ein Notfallsanitäter das Restaurant durch die Haupttüre. Ich konnte an den Blicken der Gäste ausmachen, wo er gerade war. Ich wollte doch wissen, wie es um meine Mitarbeiterin stand. Stattdessen musste ich nun langsam und geduldig die Eissorten aufzählen.
„Rahmglace haben wir folgende: Vanille, Mocca, Schokolade, Erdbeer, Himbeer, Mandel, Lavendel, Kokosnuss, Tonkabohne, Snickers, Tannenschössling, Pistazie und Caramel."
„Oh! Das ist ja toll!", rief die junge, geschminkte Frau dazwischen. Durch ihre Begeisterung konnte man sogar ihre Augen kurz unter den überlangen, angeklebten Wimpern sehen.
„Dann haben wir noch diverse Sorbets: Zitrone, Ananas, Passionsfrucht, Himbeer, Apfel, Blutorange, Aprikose, Kiwi und Schokolade."
„Schokoladensorbet? Tatsächlich?"
„Ja, aber Schokoladen-Rahmglace haben wir auch."
„Wow. Machen Sie die alle selber?"
„Ja."
„Dann nehme ich eine Kugel Mocca", beschloss der bis jetzt eher stille Mann zu meiner Rechten und kratzte sich im Bart.
„Ohne Rahm?"

„Ja, ohne."
„Gern, danke."
„Nein, doch mit."
„Also eine Kugel Mocca mit Rahm."
Die Dalmatinerblusenfrau entschied sich für eine Kugel Lavendel, und die Dame mit der Föhnfrisur wollte nur einen Verveinetee.
„Einen was?" fragte die junge Frau.
„Verveinetee, also Eisenkraut", erklärte ich ihr.
„Iii, was ist das denn? Ich nehme einen Latte macchiato, aber ohne Koffein und mit nur wenig Schaum, dafür mehr Milch."
„Gern."
Ich hörte, wie hinter mir der Sanitäter wieder reinkam, und beobachtete, wie ihm erneut alle am Tisch neugierig nachschauten. Nur ich sah wieder nicht, was los war.
Ich wandte mich an die Frau, die offenbar zum Bart gehörte, denn sie hielten sich unablässig über dem Tisch die Hand.
„Und ich hätte gern, hm, Tannenschössling, haben Sie gesagt?"
„Ja."
„Ist das gut?"
„Ich finde, ja."
„Hm. Nein, dann Stracciatella."
„Das haben wir nicht."
„Haben Sie das nicht vorher gesagt?"
„Nein, hat sie nicht, Maus", lachte der Bart.
„Ach so. Haben Sie Schokolade?"
„Ja, Sorbet und Rahmglace."
„Ach so, ja genau. Nein, ich nehme doch nur einen Espresso."
Der Stroganoff-Mann musste noch ein wenig überlegen.
Eine Mitarbeiterin kam zu mir und flüsterte mir zu, ich möge bald zum Buffet kommen, ein Sanitäter habe nach mir gefragt.
„Hm. Dann hätte ich gern ... Hmm." Er schaute ins Leere und tippte sich regelmässig mit dem Zeigefinger auf die Lippen.
„Soll ich es noch einmal vorlesen?", fragte ich.

„Nein, nein", und überlegte weiter. „Es ist schwer, sich bei einer so tollen Auswahl zu entscheiden. Die klingen alle so gut."
Ich wartete ungeduldig.
„Hm. Ich nehme eine Kugel Vanille!"
„Vielen Dank."
Na, da hat sich das Überlegen aber wirklich gelohnt, dachte ich und ging endlich zurück zur Patientin, die gerade durch die Küche in den Gang getragen, auf die Bahre gelegt, warm eingepackt und mitgenommen wurde. Der Sanitäter klärte mich auf, dass sie die Mitarbeiterin zur genaueren Untersuchung mitnähmen, es sei noch nichts Konkretes diagnostiziert worden. Die Kollegin, die mit ihr auf dem Boden sass, durfte sie begleiten. Ich war froh, kehrte wieder Ruhe ein, wohl wissend, dass meine Mitarbeiterin in guten Händen war. An jedem Tisch musste ich natürlich die Gäste aufklären und mich dabei auch gleich für die Wartezeiten entschuldigen. Die schaulustige Dame, die der Ambulanz zuvor im Weg gestanden hatte, ignorierte mich seitdem allerdings konsequent. Als ich bei ihnen am Tisch erklärte, was geschehen war, schaute sie stur aus dem Fenster; nun war es zu spät, jetzt wollte sie nichts mehr wissen. Offenbar war sie beleidigt, dass ich sie vorhin im Gang nicht ausführlich informiert hatte. Sie wäre doch die Erste gewesen, die gewusste hätte, was los war. Wie konnte ich nur die Prioritäten so komplett falsch setzen!

Die Sorgen um meine Mitarbeiterin quälten mich in jener Nacht. Chefin eines jungen Teams zu sein, hiess auch, Anteil zu nehmen. Helfen, zuhören, unterstützen, Trost spenden und motivieren gehörte genau so zu meinem Job, schliesslich war ich auch ein wenig die Mutter des Hauses. Und so sorgte ich mich weiter, auch wenn die Mitarbeiterin nach zwei Tagen wieder strahlend bei der Arbeit erschien, weil man trotz aufwendiger Untersuchungen nichts hatte finden können. Dank meiner Hartnäckigkeit, der Ursache auf den Grund zu gehen, und dem selbstlosen Einsatz eines Arztes, der unser Gast war, wurde nach ein paar Wochen endlich herausgefunden, wo der Schuh drückte. Verletzungen der Seele können mit keinem noch so teuren Gerät gesehen werden, sind aber genauso schmerzhaft, hartnäckig und ziemlich hinterhältig. Sie sind verborgen und machen sich doch manchmal heftig bemerkbar, ohne sichtbare Spuren zu hinterlassen, bis man sie hervorholt und gründlich durchleuchtet. Eine Heilung kann Prozesse und persönliche Entwicklungen auslösen, die man nicht für möglich halten würde. Und so war es auch in diesem Fall, mit einem Unterschied: Ich aber hielt es immer für möglich, dass diese junge Frau eines Tages so aufblühen würde, dass nichts sie mehr aus der Bahn werfen könnte.

Menu

Amuse-Bouche

✳✳✳

Bunter Wintersalat
mit Nüssen, Apfel, gebratenem Kürbis,
Cranberry und Belper Knolle
an Himbeer-Nuss-Vinaigrette

✳✳✳

Gebratener Seeteufel
Chardonnaysauce
Rahmwirsing und Venerereis

oder

Entrecôte vom Biohof Scheibler
Sauce Béarnaise
Kartoffelgratin und Gemüse

✳✳✳

Schokoladenfeuilleté
mit hausgemachtem Mangosorbet
und Mandelcreme

WN

Hallo, ich bin der Sören

Eine Gruppe von 50 Akademikern feierte bei uns ihr jährliches Treffen. Die meisten waren mit dem Zug angereist, und einige von ihnen mussten um 21.30 Uhr wieder gehen. Es galt also keine Zeit zu verlieren. Jeder Gast fand an seinem Sitzplatz eine kleine Menukarte. Als sich alle gesetzt hatten, stelle ich mich in die Mitte des Restaurants, stiess zwei Weingläser ein paarmal aneinander und erklärte der Gruppe das Menu. Der Lärmpegel schnellte wieder hoch, wir schnappten uns die Notizblöcke mit den vorbereiteten Tischplänen und begannen, die Gäste zu fragen, ob sie lieber Fisch oder Fleisch möchten. An einem Tisch war zwar noch ein Stuhl leer, ob diese Person noch kommen würde, wusste aber niemand.

Die Bestellung wollten wir zügig in die Küche bringen, damit die Küchenmannschaft sofort mit den Vorbereitungen beginnen konnte. Kaum war das Amuse-Bouche serviert, ging die Türe auf, und ein grosser, schlanker Mann in einem beigen Regenmantel betrat das Lokal.
„Guten Abend", begrüsste ich ihn.
„Guten Abend, ich gehöre hier dazu", sagte er ein wenig unbeholfen in perfektem Schriftdeutsch und hob bereits die Hand, um jemandem an einem Tisch zu winken.
„Möchten Sie den Mantel abgeben?"
„Wie?"
„Möchten Sie den Mantel für die Garderobe abgeben?"
Er streckte den Hals und schaute um sich. „Soll ich ihn irgendwo hinbringen?"
„Nein, ich erledige das gern für Sie."
„Ach so, ja dann", antwortete er und wandte sich aber einem Gast zu, der von der Gruppe her zu uns stiess. „Hallo, Martin!"
Sie schüttelten sich fröhlich die Hände und begannen sogleich angeregt miteinander zu plaudern, während ich, mit einem leeren Kleiderbügel in der Hand, auf den Mantel wartete.
Der herbeigeeilte Gast zeigte dem Mann im Regenmantel erst mal seinen Platz und begleitete ihn an den Tisch, an dem er sofort von anderen Gästen händeschüttelnd begrüsst wurde. „Hallo, ich bin der Sören", stellte er sich jedes Mal aufs Neue vor. Ich ging ihnen dezent nach, damit ich bald den Mantel bekäme. „Hallo. Sören. Hallo. Ach ja, schön. Sören, hallo ..." Ich stellte mich so hin, dass ich ihm irgendwann mit meinem Kleiderbügel im Weg stünde, um dann zu sagen: „Darf ich Ihren Mantel aufhängen?"
„Ach so, ja. Entschuldigung." Während er den Mantel aufknöpfte, begrüsste er eine Kollegin: „Hallo, Agnes! Wir haben uns doch heute schon gesehen, bist du auch da?"
Damit die Küche seine Vorspeise gleichzeitig mit den anderen rausschicken konnte, das wäre bald, denn die leeren Tellerchen

der Amuse-Bouches waren bereits wieder abgeräumt, musste ich so schnell wie möglich erfahren, was er essen wollte. Nachdem ich seinen Mantel in die Garderobe gebracht hatte, schnappte ich mir eine Menukarte und ging zu ihm zurück. Er stand noch am selben Ort und plauderte mit einem anderen Gast.
„Entschuldigung, darf ich Sie kurz stören?"
„Ja?"
„Beim Menu heute Abend können Sie auswählen zwischen Fisch und Fleisch als Hauptgang. Alle anderen Gäste haben bereits bestellt. Damit die Küche alles vorbereiten kann, sollte ich auch von Ihnen wissen, was Sie gern essen möchten."
„Ah ja. Ich glaube, ich sage erst mal allen Hallo", erwiderte er nicht unfreundlich, aber bestimmt und streckte einem sitzenden Gast seine Hand entgegen: „Hallo, ich bin der Sören."
„Ich wäre Ihnen dankbar, wenn wir das zuerst klären könnten", unterbrach ich ihn, „denn die anderen Gäste haben ja bereits das Amuse-Bouche gegessen."
„Dann steige ich einfach dort ein, wo die Kollegen sind."
„Das geht eben nicht, wenn die Küche nicht weiss, was Sie essen möchten, deshalb bin ich ja hier."
„Ich weiss ja gar nicht, was es gibt."
„Das möchte ich Ihnen gerade erklären."
„Aha, ja."
„Zuerst gibt es einen Wintersalat mit Nüssen, Apfel, gebratenem Kürbis, Cranberry und geraffeltem Hartkäse." Ich machte eine kurze Pause und sah ihn abwartend an. Hatte er alles verstanden?
„Aha, ja." Er hatte. Immerhin ein Anfang.
„Danach haben Sie die Wahl zwischen Fisch und Fleisch. Der Fisch ist ein Seeteufel mit Chardonnay-Sauce. Dazu gibt es Rahmwirsing und Venere-Reis, ein schwarzer Reis aus Italien." Ich schaute ihn an; seine Aufmerksamkeit hatte ich. Gut. „Oder dann das Bio-Entrecôte mit Sauce Béarnaise, Kartoffelgratin und Gemüse."
„Aha. Ja. Das Erste, was war das?"

„Seeteufel."
„Das ist ein Fisch, oder?"
„Ja."
„Ich mag Seeteufel. Den habe ich lange nicht mehr gegessen. Hallo, Bernhard, sehr schön, ja!"
„Dann also den Seeteufel für Sie?"
„Ich komme gleich zu dir."
„Möchten Sie den Seeteufel?"
„Was haben Sie denn sonst noch?"
„Eben das Entrecôte."
„Haben Sie nur zwei Gerichte?" Er schaute sich um.
„Es wurde für Ihre Gruppe ja ein Menu bestellt. Es gibt entweder den Seeteufel oder das Entrecôte."
„Aha, ja. Nein, also, das ist gut."
„In diesem Fall den Fisch?"
„Hallo, Peter! Ich hab dich ja noch gar nicht gesehen."
„Pardon, was möchten Sie denn nun?"
„Wie?"
„Welchen Hauptgang möchten Sie nun?"
„Eben, den Fisch."
„Sehr gut, vielen Dank."
„Muss ich den jetzt irgendwo holen?"
„Was möchten Sie holen?"
„Den Fisch, also, mein Essen."
„Nein, Sie sind hier in einem Restaurant. Sie können sich einfach setzen, und wir servieren Ihnen alles."
„Aha." Er sah sich im Raum um und war plötzlich begeistert von dieser Tatsache, als hätte er es bis anhin noch gar nicht gemerkt. „Ah jaa, das ist aber sehr schön! Wunderbar! Soll ich mich denn jetzt setzen?"
„Jetzt weiss ich ja, was Sie essen möchten. Sie können nun auch gerne weiter die Kollegen begrüssen und sich danach setzen."
„Ach ja, das wollte ich ja tun. Danke schön. Hallo, ich bin der Sören."

Kurze Episode am Telefon

Dame: Guten Tag. Wir haben noch einen Gutschein Ihres Hauses und möchten den gerne einlösen, bevor Sie schliessen.
Ich: Guten Tag. Oh, wir schliessen gar nicht.
Dame: Doch, doch, Sie schliessen.
Ich: Nein, da bin ich mir sicher.
Dame: Doch, sicher.
Ich: Wir schliessen nicht, Sie können den Gutschein noch lange einlösen.
Dame: Aber ich habe das so vernommen!
Ich: Die Krone schliesst per Ende Jahr.
Dame: Ja, die Krone auch. Aber Ihr Restaurant auch.
Ich: Nein. Ich bin die Chefin, ich sollte es wissen.
Dame: Aber man hat mir gesagt, das sei sicher so.
Ich: Dann sage ich Ihnen, es ist sicher nicht so. Kaum jemand weiss das besser als ich.
Dame: Warum habe ich das denn gehört?
Ich: Es ist Dezember. Immer im Dezember wird das erzählt, ab und zu auch während des Jahres, doch das ist eher selten. Es hat auf jeden Fall noch nie gestimmt.
Dame: Dann kann ich den Gutschein auch nächstes Jahr noch einlösen?
Ich: Ganz bestimmt. Ausser im Dezember, dann schliessen wir.
Dame: Ach ja?
Ich: Nein, das war ein Witz.

Kulturschock

Wenn man sich für längere Zeit in einem fremden Land aufhält, sollte man versuchen, sich rasch vollumfänglich anzupassen, das heisst, die Sprache zu lernen und anzuwenden sowie die Gesetze und die Umgangsformen zu respektieren. Ansonsten droht ein Kulturschock. Und ein solcher ist nicht zu unterschätzen. Laut Wikipedia treten bei einem Kulturschock verschiedene, zum Teil heftige Symptome auf:

1. Stress aufgrund der psychischen Belastung.
2. Verlustgefühl in Bezug auf Freunde, Status und Beruf
3. Gefühl der Ablehnung
4. Verwirrung über die eigene Rolle, die eigenen Gefühle und die eigene Identität
5. Angst und Empörung
6. Ohnmachtsgefühl

Wer das einmal erleben möchte, braucht nicht unbedingt ins Ausland zu reisen. Man kann ganz einfach eine Stelle im Service buchen, dabei grössere Reisekosten sparen und sogar noch etwas dazuverdienen. Denn hier hat man die Möglichkeit, täglich in einer fremden Kultur zu leben, deren Sprache und Umgangsformen einem sehr fremd sind. In jedem Restaurant arbeiten nämlich zwei sehr verschiedene Kulturen unter einem Dach: die Küchenmannschaft und das Serviceteam.

Diese beiden Ethnien verfügen über unterschiedliche Sprachen, Verhaltensweisen und Gesetze, und sie beanspruchen zwei verschiedene Territorien für sich. Nun verhält es sich so, dass die

Köche nur sehr selten und ungern ihr Revier verlassen. Diese Gruppierung lebt eher zurückgezogen und versteckt sich gern im heiss-feuchten Klima des Chromstahldschungels, umgeben von Steamern, Schränken, Kühlgeräten und Pfannen. Sie bleiben in der Regel unter sich, sind leicht introvertiert, sehr arbeitsam und oft auch ein wenig mürrisch. Eindringlinge werden zwar geduldet, aber kaum jemals freundlich empfangen.

Ganz anders das Volk auf der anderen Seite der Küchenmauer. Die Menschen vom Service sind sehr kommunikativ, offen, freundlich, eher extrovertiert, einfühlsam und manchmal ein wenig empfindlich. Anders geht es nicht, denn sie müssen sich dem Gast anpassen und sollten im Idealfall spüren, was dieser wünscht, bevor er es ausspricht. Für sie ist eine gute Kommunikation demnach eine wichtige Überlebensstrategie.

Nun bilden diese zwei verschiedenen Völkchen eine sonderbare Symbiose: Jeder arbeitet für sich, und doch brauchen sie einander gegenseitig, denn zusammen bilden sie ein Ganzes. Die zurückgezogenen Köche verlassen nur selten ihr Herrschaftsgebiet, wohingegen die extrovertierten Angehörigen des Servicestamms täglich viele Kilometer zurücklegen und dabei dutzendfach in das Revier der Köche eindringen. Viele dieser Servicemenschen wollen einfach nicht verstehen, dass es sich bei der Schwelle der Küchentüre eigentlich nicht nur um eine Holzplanke handelt, sondern um einen unbesetzten Grenzposten. Kaum hat man diesen passiert, befindet man sich in einem fremden Gebiet, wo andere Gesetze und Gepflogenheiten herrschen. Die Sprache, die dort gesprochen wird, verfügt zwar über dasselbe Alphabet und auch über ein ähnliches Vokabular, doch ist die Bedeutung einzelner Wörter oftmals grundverschieden.

Ein viel zitiertes Beispiel von sprachlicher Inkompatibilität ist der folgende Ausspruch:

„Ja ja."

Bedeutung Service (Beispiele):
- Ja, ja! Es ist genau, wie Sie sagen. (Zustimmend, positiv gemeint)
- Ja, jaa. (Beschwichtigend. Z.B.: „Sie können gern noch auf die Toilette, der Hauptgang kommt noch nicht.")
- Ja ja, ich bringe Ihnen sehr gern noch ein Glas Wein!

Bedeutung Küche:
- Du kannst mich mal!
- Mach das doch selber, du Arsch!
- Sag du mir bloss nicht, was ich zu tun habe, du Idiot!

Wenn also ein Servicemitglied dem Küchenchef ein „ja ja" zur Antwort gibt, führt das definitiv zu Missstimmungen bis hin zur Androhung der Kündigung. Dabei versteht das Servicemitglied in der Regel die Welt nicht mehr und entwickelt augenblicklich alle oben genannten sechs Symptome des Kulturschocks auf ein Mal. Es gibt unzählige weitere Beispiele, leider aber existiert noch keine offizielle Übersetzung der verkaufsfördernden Servicesprache in die militärisch anmutende Küchensprache. Die Unterschiede lernt man erst spontan im Nahkampftraining kennen.

Niemand wird auf diese kulturellen Unterschiede vorbereitet, das ist eigentlich grob fahrlässig. Wir hatten wiederholt Mitarbeiterinnen (besonders der Jahrgänge 1994–1997, fragen Sie mich nicht, warum), die bereits nach drei Tagen der vollen Überzeugung waren, in unserem Betrieb von der gesamten Küchenmannschaft gemobbt zu werden. Insbesondere vom Küchenchef, wie einmal in einem Kündigungsschreiben stand. Er pflegt verständlicherweise das autoritärste Auftreten der gesamten Belegschaft, und sicher sind seine Anweisungen am präzisesten und auch am beeindruckendsten. Ganz nebenbei ist er aber auch Geschäftsführer, Arbeitgeber, Gesamtverantwortlicher und Bezahler der Löhne, was seiner dominanten und klaren Sprache eine besondere

Legitimität verleiht. Aber wir hatten es wahrscheinlich versäumt, dies der Verfasserin der erwähnten Kündigung zu erklären. Nun, die Küche mobbt nicht einfach so herum. Es ist ganz einfach ihre Sprache, man muss nur verstehen, weshalb das so ist.

In der Küche ist es meistens laut. Ab 9.00 Uhr wird produziert, da laufen im Dauereinsatz Mixer, Steamer und die Abwaschmaschine. Pfannen scheppern, Lieferanten kommen rein, Ware wird angenommen und kontrolliert, Gebinde werden zurückgegeben und Anrufe entgegengenommen. Meistens läuft zusätzlich aufputschende Musik, die effizientes Produzieren unterstützt. Schnelles Arbeiten ist wichtig, das „Mise-en-place"[1] muss punkt 11.30 fertig sein. Während des Services ist dann jeder an seinem Posten[2], und doch müssen sie über Geräte, Gedampfe und Gezische hinweg miteinander kommunizieren. Sie müssen sich konzentrieren, enorm viel im Kopf behalten, Abläufe und Zeiten einhalten und auf Änderungen von Gästen reagieren können. Hier ein kurzer Einblick:

Service: *(Die Servicemitarbeiterin legt einen neuen Bestellbon[3] zum Pass[4]. Sie ruft laut:)*
„Neu!"

Chef: *(Der Küchenchef nimmt den Bestellbon entgegen und annonciert[5]:)*
„Tisch 25 gibt es einen Wintersalat, eine Abendmenu-Vorspeise, einen Nüsslisalat ohne Ei, einen Gemischten und eine Kürbissuppe! Als Deuxième[6] drei Abendmenu-Suppen. Danach zwei mal Rindsfilet, einmal Abendmenu Fisch, zweimal Abendmenu Fleisch!"

Köche: „Jawohl!"

[1] Mise-en-place: Vorbereitungen für den Service
[2] Posten: Zugewiesener Arbeitsbereich
[3] Bestellbon: Kassenstreifen mit einer neuen Bestellung
[4] Pass: Wärmebrücke, dort werden die warmen Gerichte bereitgestellt
[5] annonciert: Er verkündet laut, was bestellt wurde
[6] Deuxième: Zweiter Gang

Kalte und warme Vorspeisen kommen aus einer anderen Ecke der Küche, das heisst, die Kommunikation muss laut und deutlich sein. Die Köche haben nicht Zeit für ein endloses Geplapper wie zum Beispiel: „Pardon, was hast du gesagt, ich habe gerade nicht zugehört."
Eine Ansage = eine Antwort: „Jawohl!" Dann beginnt jeder für sich an dieser neuen Bestellung zu arbeiten.

Service:	„Vorspeisen Tisch sieben kann man schicken[1] und Hauptgang Tisch 28."
Chef:	*(Zu den Köchen in der kalten Küche:)* „Was habt ihr Tisch sieben?"
Koch:	„Eine Abendmenu-Vorspeise und zweimal Nüsslisalat."
Chef:	„Geht eine Suppe dazu. Schicken!" *(Teller werden angerichtet.)*
Koch:	„Service!" *(Wir holen die Vorspeisen.)*
Service:	*(Servicemitarbeiterin kommt in die Küche.)* „Neu!" *(Sie geht wieder raus.)*
Chef:	„Tisch zwei. Einmal Nüssli Leber, einmal Nüssli normal, zwei Abendmenu-Vorspeisen. Danach einmal Moules, zwei Stroganoff und einmal Kalb."
Köche:	„Jawohl!"
Chef:	„700 Gramm Moules!"
Köche:	„Jawohl!"

Und so geht das für die nächsten vier Stunden weiter. Unsere Küchenmannschaft arbeitet unter höchster Konzentration, das geht nicht anders. Zu Hause kocht man locker eine Stunde an einem Gericht. Hier werden während einer Stunde vielleicht vier-

---

[1] schicken: Gerichte fertigstellen, anrichten

zig verschiedene Gerichte gekocht. Und das mehr oder weniger gleichzeitig. Sie können nicht erst ein Gericht fertig kochen und dann das Nächste beginnen. Erstens werden an einem Tisch in der Regel verschiedene Hauptgänge bestellt, und zweitens wollen alle anwesenden Gäste innerhalb derselben zwei Stunden essen. Wenn für einen Tisch fertig gekocht würde, und danach begänne man mit dem nächsten, erhielte der letzte Gast seinen Hauptgang frühestens drei Stunden nach der Bestellung. Das heisst, die Hauptgänge von verschiedenen Tischen werden mehr oder weniger gleichzeitig gekocht. Das geht so:

Wenn die Bestellung eines Tisches in die Küche kommt, dann steht der erste Tisch bereits kurz vor der Fertigstellung, das Fleisch des zweiten Tisches ist fertig gebraten und bereits im Ofen und das Gemüse dazu im Steamer, das Fleisch des dritten Tisches brutzelt in der Pfanne, doch die dazu gehörenden Moules noch nicht und der Fisch erst in fünf Minuten, da dieser weniger lange braucht als das Fleisch. Das Stroganoff des vierten Tisches ist geschnitten, aber noch nicht in der Pfanne.

Auf dem Herd stehen neun Pfannen von vier verschiedenen Tischen, im Steamer acht Schälchen von ebenfalls vier verschiedenen Tischen, und auf der Küchenkombination liegt der neue Bestellbon, den man möglichst bald in Angriff nehmen muss, sofern auf dem Herd noch Platz ist für weitere Pfannen. Das alles zu koordinieren, ist eine Meisterleistung, bedarf jahrelanger Übung und ist für einen Laien rein unmöglich. Wenn man sich diese Bilder vorzustellen versucht, kann man vielleicht sogar erahnen, was es heisst, wenn an einem Tisch mit acht Personen alle etwas anderes bestellen. Es ist logistisch fast nicht lösbar. Vor allem nicht, wenn in der Küche mit frischen Produkten gearbeitet wird.

Die Köche tragen im Übrigen schwere Pfannen, gefüllt mit einigen Litern Suppe, frischem Fonds oder Kartoffelstock umher, und sie stehen im Schnitt zehn Stunden am mehr oder weniger selben Ort, und das bei permanenter Lärmbelastung, Zeitdruck und Hitze. Sie schneiden sich ab und zu in die Finger oder holen sich meistens dann schmerzende Brandblasen, wenn sie keine Zeit haben, die Wunde zu kühlen. Das muss man verstehen, wenn man im Service arbeitet. Denn wenn wir mit unseren Blumensprechblasen in die Küche kommen und eine laute Antwort in knapper Befehlsform zurückgebellt erhalten, ist das nicht unhöflich gemeint, sondern einfach nur logisch. Wer im Service arbeitet, betritt mehrmals täglich diese heisse Küchenatmosphäre, und da es sich um ein „fremdes" Territorium handelt, sollten sich die Serviceangestellten dieser Umgebung möglichst anpassen und die Sprache wechseln, was natürlich nicht immer einfach ist, da auch die antrainierten Umgangsformen komplett unterschiedlich sind. Nehmen wir das Beispiel eines Gastes, der kein Käse möchte, unter die Lupe:

Gast: „Dürfte ich vielleicht das Rindsfilet mit Nudeln bekommen statt mit Kartoffelgratin?"
Ich: „Natürlich, sehr gern."
Gast: Ich mag Gratin nicht besonders. Aber eigentlich nur wegen dem Käse, ich mag Käse einfach nicht."
Ich: „Das ist kein Problem."
Gast: „Oder könnte man den Gratin vielleicht auch ohne Käse machen?"
Ich: „Den Gratin ohne Käse zu machen, geht wahrscheinlich nicht, aber ich frage gern in der Küche nach, damit ich sicher bin."
Gast: „Das ist nett."
Ich: „Ansonsten würden Sie also gern die hausgemachten Nudeln haben dazu?"
Gast: „Ja genau. Das ist wunderbar, vielen Dank."
Ich: „Sehr gern."

Wir kommunizieren mit Höflichkeit, auch untereinander. So kann es sein, dass ich eine Kollegin frage: „Kannst du mir bitte den Lappen geben?", und sie antwortet mit „Ja, sehr gern", und dabei betont sie die Antwort so, als hätte sie soeben die Bestellung des teuersten Weines entgegengenommen. Wir ziehen es auf der ganzen Linie durch. Unsere Sprechblasen sind randvoll mit Freundlichkeiten, netten Floskeln und bunten Blümchen.

In der Küche herrscht eine militärische Disziplin, und kommuniziert wird mit knappen Worten in Befehlsform. Auch die Köche ziehen es durch, ohne auch nur einmal in eine für sie völlig überflüssige Höflichkeitsform zu wechseln. Höflich sein bringt ihnen nichts, im Gegenteil. Überflüssige Floskeln lenken von der Sache ab und stiften unnötige Verwirrung. Zudem werden lange Sätze schlechter verstanden als kurze.

Würde ich in der Küche dieselbe kommunikative Höflichkeit anwenden, so ereignete sich am Beispiel des Gastes, der keinen Käse will, Folgendes:
„Du, Entschuldigung, der Herr Meier von Tisch fünf mag Käse nicht besonders. Er möchte das Rindsfilet bestellen, hätte aber lieber die Nudeln anstelle des Kartoffelgratins, wegen des Käses. Ist in dem Gratin überhaupt schon Käse drin oder könntet ihr den auch ohne Käse machen? Wenn es nicht geht, dann ist das nicht schlimm, er würde auch gern die Nudeln haben."
Die Köche, im Zeitdruck und hoch konzentriert, wären nicht empfänglich für solch ein Geschwafel. Vieles ginge im Lärm unter, und sie hätten weder die Zeit noch die nötige Aufmerksamkeit, um diesem Roman zuzuhören. Als Antwort erhielte man: „Was schwafelst du!? Sag einfach, was du willst!"
Danach wäre nicht nur der Küchenchef verärgert, weil man ihn beim Arbeiten gestört hat und er deshalb aus dem „Flow" gefallen ist, sondern auch, weil man die Nerven hat, solch einen Blödsinn überhaupt zu fragen.

Man ist im Serviceberuf also gut beraten, mit dem Übertritt von unserem Bereich in die Küche augenblicklich nicht nur die Sprache, sondern auch ihre Gepflogenheiten und Gesetze anzunehmen: Nie im Weg stehen, sprechen nur, wenn nötig, nicht trödeln, nicht in die Haare greifen, nicht schlendern, nicht rumstehen, nicht lachen, Geschirr leise hinstellen, Teller vorsichtig und gerade halten, nicht unnötigen Kram fragen, zuhören, bald wieder rausgehen. (Übrigens alles nützliche Empfehlungen für jedermann auch ausserhalb der Gastronomie.)

Wenn man dies kapiert hat, dann steht einer guten Zusammenarbeit eigentlich nichts mehr im Wege. Dann kann man ohne Bedenken in die Küche gehen, um zu fragen, wie sich das mit dem Käse und dem Gratin verhält, und zwar mit maximal vier klaren Worten:

„Gibt's Gratin ohne Käse?"

Die Antwort ist dann: „Spinnst du?"

Klare Information in Küchensprache und kein Mobbing.

Übersetzt in Servicesprache heisst das nämlich: „Das geht nicht, es tut mir sehr leid."

Es wäre eigentlich so einfach.

Man muss es nur kapieren.

Zum Dessert

Ingrid:	Geht ihr an die Fasnacht?
Elisa:	Nein. Ihr?
Ingrid:	An den Umzug am Sonntag schon. Da gehen wir immer hin. Wieso, geht ihr nicht?
Elisa:	Ich würde eigentlich schon, aber Elias will nie.
Ingrid:	Wieso?
Elio:	Ach, dieser Lärm und diese vielen Leute, ist nicht mein Ding. Dann trötet jeder irgendeine Melodie vor sich hin. Jedem Musiker würde man das Instrument augenblicklich wegnehmen und ihn erschlagen. Schrecklich.
Ingo:	*(lacht)*
Ingrid:	Das muss ja so sein. Sie vertreiben den Winter.
Elio:	Die vertreiben höchstens die letzten noch nicht weggesoffenen Hirnzellen.
Ingo:	*(lacht)*
Ingrid:	Hast du nie mitgemacht?
Elisa:	Der Elias? Nie im Leben!
Elio:	Die sollen das machen, von mir aus. Aber ohne mich bitte. Es reicht mir, wenn ich am Freitagmorgen an den Bahnhof spaziere und mir all die Pappnasen begegnen, die den Heimweg noch nicht gefunden haben. Ich muss zur Arbeit, freue mich auf einen Kaffee, und die sind noch immer am Rumtröten und Rumsaufen. Nein, echt, was soll das? Ballermann im Heimatland. Was soll diese Narrenfreiheit? Ein Mal im Jahr die Sau raus lassen? Woher kommt dieses Bedürfnis? Hat man sonst nichts zu sagen?

Ingrid:	Es soll halt viel lustiger sein, wenn man dabei ist.
Elisa:	Das kann ich mir vorstellen.
Elio:	Und ich kann mir nicht vorstellen, was dabei lustig sein soll.
Ingo:	*(lacht)*
Ingrid:	Ich habe ein paar Mal die Schnitzelbänke geschaut, das war recht gut.
Elio:	Auch die sind nicht mehr, was sie mal waren. Die meisten machen sich doch bloss lustig über Menschen, die sie noch nicht einmal kennen. Und das versteckt hinter einer Maske. Das ist nicht nur dumm, sondern auch noch feige.
Elisa:	Themawechsel, bitte.
Elio:	Hätten die einen erweiterten Horizont, könnte man in Versform durchaus ein paar Themen zur Politik oder zur Gesellschaft vortragen, absolut mit Sarkasmus und Witz. Aber nein, es reicht gerade mal für ein bis zwei Lokalpolitiker oder Cervelat-Prominenz. Lächerlich.
Ingrid:	Ich finde, es gibt durchaus auch gute Verse.
Ingo:	*(lacht)* Das ist wohl dein Lieblingsthema! *(lacht)*
Elisa:	Genau, kommt noch vor der Chilbi. Pass auf, wenn er in Fahrt kommt, dann wird es noch schlimmer.
Ingo:	*(lacht und lacht)* Erzähl mal von der Chilbi!
Elisa:	Das willst du nicht.
Ingo:	Doch, unbedingt! *(lacht)*
Ingrid:	Was passt dir denn daran nicht?
Elio:	Nichts, die Chilbi ist recht interessant.
Elisa:	Genau.
Elio:	Doch. Vor allem am Morgen um neun, wenn alles geputzt ist und alle schlafen. Dann müsst ihr mal durch diese Bahnenparks hindurchschlendern. Die Polyester-Monster der Gruselbahn sind gut gemacht

	und sehen in der Morgensonne alles andere als gfürchig aus.
Ingrid:	Aber am Abend warst du auch schon mal da, nehme ich an?
Elisa:	Frag nicht.
Ingo:	Doch! *(lacht)*
Elio:	Ja, das muss man sich schon ab und zu antun, damit man sieht, wie gut man es hat. Ich finde mich ja nicht schön, aber wenn ich an die Chilbi gehe ...
Elisa:	Schatz!
Elio:	Man fragt sich, wo all diese ferngesteuerten Leute herkommen, man sieht die ja sonst nie während des Jahres. Nur an der Chilbi pflügen sie sich durch die Massen. Da siehst du alles, ich habe mal Leute fotografiert, die ...
Elisa:	Schatz, bitte!
Ingo:	*(lacht)*
Ingrid:	Du hast fremde Menschen fotografiert?
Elisa:	*(nickt beschämt)*
Elio:	Natürlich! Das glaubst du erst, wenn du das auf einem Bild siehst. Das Hirn filtert das in der Realität weg!
Ingo:	*(lacht)* Das hast du nicht gemacht!
Elio:	Sicher! Wieso denn nicht?
Ingrid:	Weil sich das nicht gehört, zum Beispiel!
Elio:	Ach, das wissen die ja nicht. Das merkt niemand!
Ingrid:	Und was machst du damit?
Elio:	Ein Fotoalbum. Mein persönliches Gruselkabinett!
Ingo:	*(lacht und erholt sich kaum)*
Ingrid:	*(zu Elisa:)* Hast du das mal abklären lassen?
Elio:	Nicht meine Fotos sind schlimm, die Leute sind es!
Ingrid:	Mein Gott, es sind einfach Menschen!
Elio:	Und was für welche!

Ingo:	*(wischt sich die Tränen ab)* Bitte, weitermachen!
Elio:	Dann ziehen sie von Stand zu Stand und fressen irgendwelche fettigen Sachen, dann wieder Zucker, dann wieder Döner, nur um kurz danach viel Geld zu zahlen und sich auf ein Foltergerät schnallen zu lassen, um alles Gefressene nach Möglichkeit in die verkehrte Richtung wieder rauszulassen.
Elisa:	So, es reicht!
Ingo:	*(lacht weiter)*
Elisa:	Ich muss mich schämen.
Elio:	Wieso denn? Ich kann doch nichts dafür! Weshalb tut man sich das an? Gut, man muss ja nicht alles verstehen.
Ingrid:	Ich verstehe dich gerade auch nicht mehr.
Ingo:	Weiter, bitte!
Ingrid:	Ingo! Stachle ihn nicht noch dazu an. Was sollen denn die Leute denken!
Ingo:	Hört ja niemand. *(Ich schenke Wein nach.)*
Elio:	*(zu mir:)* Hören Sie eigentlich mit, was an den Tischen so gesprochen wird?
Ich:	Wie bitte?
Elio:	Bekommen Sie mit, worüber Ihre Gäste sprechen?
Ich:	Nein, nie.
Ingo:	Wirklich?
Ich:	Man ist so auf die Arbeit konzentriert, dass man nie zuhört, das würde bloss ablenken.
Ingrid:	Das ist manchmal womöglich besser!
Elio:	Und wenn auch. Eben, dann schlurfen die Menschen ziellos und mit weggesoffenem Grosshirn durch die Leute, nur um noch nicht heimzumüssen, denn es ist doch gerade so schön.
Ingo:	*(lacht weiter)*

Ingrid:	Wollen wir zahlen?
Elisa:	Ist wahrscheinlich jetzt langsam Zeit.
Elio:	Irgendwann treffen sie sich mit gefüllten Bäuchen und ernüchterten Mienen an der Bushaltestelle. Die einzige Freude, die ihnen dann noch bleibt, halten sie als mit Helium gefüllten, glänzenden Aluballon in Delfinform in den Händen. Der muss dann mit in den Bus.
Ingo:	*(lacht)*
Elio:	Damit man sich lange an den schönen Abend erinnert.
Ich:	Hätten Sie gern ein Dessert?
Ingrid:	Nein danke, wir möchten die Rechnung.
Ich:	Gern.
Ingo:	Ich will noch einen Espresso.
Elio:	Ich auch!
Ich:	Sehr gern.
Ingrid:	Und dann gleich die Rechnung.
Elio:	Der Dings, wie heisst er noch? Der mit der Kollegin eine Bar führt, da an der Kreuzung?
Ingo:	Welche?
Elio:	Da bei der Brockenstube, man kann dort Billard spielen, und wir waren doch mal an einem Konzert dort.
Ingo:	Ah, ja. Ich weiss, die Dings Bar, ehm ...
Elio:	Der hat das Pech, dass die Bushaltestelle genau bei seiner Bar liegt.
Ingo:	Und?
Elio:	Da sitzen sie dann, die alkoholdurchtränkten Idioten und warten auf den Bus.
Ingo:	*(lacht)*
Elio:	Genau dort fällt ihnen beim Warten ein, dass sie die sieben Liter Bier noch gar nicht rausgeschwemmt haben, und wollen seine Toilette benützen.

Ingrid:	Oh je ...
Elisa:	Ich bitte dich. Es ist nicht mehr lustig.
Ingo:	Ich finde es extrem unterhaltsam.
Elio:	Sie fragen schon gar nicht, dafür reichen die restlichen Hirnzellen nicht mehr aus, sie gehen einfach rein und verpissen das halbe WC, wenn sie überhaupt so weit kommen. Manch einer schafft es nur einen Meter weit und kotzt vor die Bar.
Ingo:	*(kippt vor lachen auf die Bank)*
Elisa:	Schatz, es reicht jetzt endgültig!
Elio:	Es ist wahr, er hat mir das selber erzählt!
Elisa:	-
Elio:	Aber jetzt macht er Ferien an der Chilbi. Das ist schlau.
Ich:	Zwei Espresso, und hier die Rechnung.
Ingrid:	Danke.
Elisa:	Durch zwei?
Ingrid:	Nein, wir hatten weniger, ich zahle unseres selber.
Ingo:	Ich zahle alles!
Elisa:	Sicher nicht!
Ingo:	Doch. Gib her!
Elio:	Danke.
Elisa:	Wieso zahlst du alles?
Elio:	Lass ihn.
Elisa:	Wieso?
Elio:	Nein, wirklich, mir gefällt die Chilbi.
Ingrid:	Man hat nicht den Eindruck.
Elio:	Doch. Auch die Fasnacht. Und weisst du, warum?
Ingrid:	-
Elio:	An diesen Tagen wird mir bewusst, worauf ich gut verzichten kann.

Kleingedrucktes mit Folgen

Manchmal erwacht man am Morgen und kann kaum fassen, welch absurden Blödsinn man geträumt hat. Gern belästigt man damit auch gleich das erstbeste Familienmitglied mit einer Erzählung wie zum Beispiel dieser hier:
„Unglaublich, was ich diese Nacht wieder geträumt habe. Ich war mitten in der Nacht auf einem Parkplatz, und es windete sehr stark. Dort stand ich bei Mondlicht im Pyjama und faltete die frische Wäsche meines Exmanns, und alles roch nach Kaffee."
In solche Träume kann man allerlei Dinge hineininterpretieren, die vielleicht nicht einmal stimmen, oder man kann versuchen, zu verstehen, wie das Unterbewusstsein im Schlaf so sonderbare Bilder fabriziert. Aber die folgende Geschichte würde man sicher nicht erraten.

Ich hatte schon früh am Morgen die Hälfte der Terrassentische geölt, den Rest würde ich am Abend während der Arbeit erledigen, es war ja nicht so viel reserviert. Draussen war es zwar noch kalt und eher feucht, aber der Sommer stand vor der Tür, und ich hatte den Eindruck, dass in den letzten Jahren die Terrassensaison stets ohne grosse Ankündigung wie auf Knopfdruck plötzlich eröffnet war.

Ich hatte das sehr teure Öl mit einem Pinsel aufgetragen und dann das überschüssige Material mit alten Servietten ins Holz eingearbeitet. Überall standen Tischplatten rum, die noch bearbeitet werden mussten, die anderen lagen zum Trocknen im Weg. Ich wollte unbedingt an diesem Tag damit fertig werden und alles wieder verräumen. Am Abend gab es aber dann doch mehr Reservationen als erwartet, und so konnte ich mich erst um 22 Uhr wieder an die Arbeit machen, als die meisten Gäste bereits beim Kaffee sassen. Um Mitternacht war ich dann fertig mit allem, schmiss meinen Abfall in den Sack beim Buffet und half noch meinem Serviceteam bei den Aufräumarbeiten. Kaffeemaschine reinigen, Satzbehälter leeren, Gläser polieren, Buffet putzen, Tische frisch aufdecken, Abrechnung machen, Buffet auffüllen, fertig. Gemeinsam verliessen wir das Restaurant und fuhren nach Hause, und um 00.30 war ich endlich mit müden und schmerzenden Beinen im Bett.

Vor dem ersehnten Schlaf rief ich aber noch meinen Freund an. Beim Vorbeifahren hatte ich Licht brennen sehen, er war also noch wach und wartete auf meinen Anruf. Er erzählte, was er gesehen oder gelesen hatte, und ich erzählte vom Verlauf des Abends, von den Gästen und davon, wie schön die Tische geworden waren. Zum Schluss des Gesprächs fragte er beiläufig: „Was hast du mit den öligen Lappen gemacht?"

Da fiel es mir wieder ein: Ölige Lappen können sich selber entzünden! Ich hatte das komplett vergessen und sie einfach in einer Plastiktüte in den Abfallsack geworfen, der nun draussen im Container lag.

„Steht der Container nahe am Haus?", wollte er wissen.
„Ja, ziemlich."
„Wie nahe?"
„An der Treppe im Innenhof, einen Meter von der Fassade entfernt. Muss ich jetzt tatsächlich noch einmal hinfahren?"
„Nein, dann wird schon nichts passieren."
„Meinst du?"
„Die sind ja nicht getränkt mit Öl", beruhigte er mich.
„Es hat schon ordentlich was dran", zweifelte ich.
Wir spekulierten noch ein wenig hin und her, entschieden uns schlussendlich, dass ich es bleiben lassen würde, und wünschten einander eine erholsame Nacht. Nun dachte ich aber an das Sägemehl, das ebenfalls in dem Sack war, und beschloss, trotzdem aufzustehen und das bereits wunderbar angewärmte Bett wieder zu

verlassen. Und er wusste bereits, als er gute Nacht sagte, dass ich das tun würde.

Ich behielt den Pyjama an, streifte mir nur eine warme Jacke und Hausschuhe über und stieg wieder ins Auto. Es hatte 8°, und ein überraschend starker Wind wehte durch die Strassen.

Ich parkte das Auto vor dem Restaurant und sah erst mal nach dem Rechten bei den Tischen, da war alles bereits trocken. Die Abfallschublade beim Buffet war leer, und ich hatte nirgends etwas liegen lassen. So ging ich nach draussen in den Innenhof zum Container, um den Abfallsack zu suchen. Ich fror in der dünnen Pyjamahose, und dürre Bambusblätter wehten mir um die Füsse.

Den richtigen Abfallsack fand ich schnell, aber er war gut verschnürt, ich musste erst den Knoten lösen. Meine kleinere Plastiktüte mit den Lappen lag tiefer unten, also wühlte ich mich erst durch feuchtes Handpapier, Orangenschalen und den gesamten Kaffeesatz des Abends, den ich beim Aufräumen des Buffets weggeworfen hatte. Als ich die Plastiktüte mit den Lappen und dem Sägemehl zu packen bekam, holte ich sie raus und schüttete dabei den Kaffeesatz über meinen Jackenärmel und auf den Boden. Putzen war sinnlos, es war zu dunkel, ich würde es auf morgen verschieben. Ich griff in die Lappen und tatsächlich, da drin war es sehr warm. Ob es gereicht hätte, dass sie sich entzündeten, weiss ich nicht, aber es war ja auch noch nicht viel Zeit vergangen. Auf jeden Fall herrschten im Sack mit Sicherheit weit über 30° und draussen nur 8°, ich war beeindruckt.

Aber was sollte ich nun damit tun? Ich setzte mich im Dunkeln auf die Aussentreppe, holte das Handy hervor und tippte mit einem Finger sehr langsam „ölige Lappen entsorgen" in das Feld der Suchmaschine. Leider hatte ich die Lesebrille nicht dabei, so machte ich vom Ergebnis ein Bildschirmfoto, das ich dann so weit vergrösserte, dass ich den Text einigermassen lesen konnte. Dabei lernte ich, dass auf der Verpackung immer stehen sollte, ob es sich um ein leicht entzündbares Öl handelte oder nicht, und dass dieser Hinweis oft sehr klein geschrieben sei. Es hiess weiter, dass man die Lappen unbedingt draussen an der frischen Luft auslegen und trocknen lassen muss, bevor man sie in den Abfall wirft.

„Draussen auslegen", wie sollte ich das machen? Der starke Wind würde die Tücher wegfegen, wahrscheinlich in eine Ecke mit trockenem Laub. Ich müsste sie mit Klammern befestigen. Ich ging also in die Waschküche, die nur von aussen erreichbar ist, um den Wäscheständer rauszuholen. Doch daran hing die bereits trockene Sportwäsche meines Exmanns. Nun musste ich also erst diese wegnehmen, um Platz zu schaffen. Mindestens die Hälfte der Leser weiss, dass man als Frau nicht einfach so Wäsche von der Leine nimmt und sie in eine Ecke schmeisst, egal in welcher Situation man sich befindet. Man nimmt sie sorgfältig weg, faltet sie und stapelt alles zu einem perfekten Wäscheturm. Der Wind war allerdings so stark, dass sich das mit den Shirts relativ schwierig gestaltete, und sehen konnte ich auch nicht viel, es war ja Nacht. Eine Windbö wirbelte zudem lose Bambusblätter auf, die zum Teil in meinen Haaren oder an der frischen Wäsche hängen blieben.

Nun stand ich also auf diesem dunklen Parkplatz im Pyjama, der Mond erhellte die Wäsche meines Exmanns, die ich zu stapeln versuchte, die dünne Pyjamahose flatterte an meinen Beinen, und der Wind trug immer wieder den Duft von Kaffeesatz in meine Nase. Wie ich die Absurdität der Situation realisierte, musste ich lachen. Es gibt Menschen, die träumen solche skurrilen Geschichten. Ich erlebe sie!

Kurze Episode

Die fesche und übereifrige Dame, die bereits den ganzen Abend meine Grenzen ausgelotet hatte, schritt quer durch das Lokal und rief mir zu: „Hallo, Sie da! Ich gehe jetzt auf die Toilette die Zähne putzen. Falls der Mann dort an meinem Tisch die Rechnung in der Zwischenzeit bezahlen sollte, dann komme ich nie mehr hierher!"
Ich zu meiner Mitarbeiterin: „Der Herr dort wünscht die Rechnung."

Ach so.

Ich nahm die Beilagen von der Wärmebrücke in der Küche, legte im Gehen Schöpfbesteck dazu und eilte meinen Kolleginnen hinterher, die gerade mit vier Hauptgängen die Küche verlassen hatten. An unserer Infowand bei der Kasse vergewisserte ich mich anhand der kleinen Tischpläne, wem genau ich diese Beilagen bringen sollte. Meine Kolleginnen setzten die Teller gerade am ersten Tisch im Saal an den richtigen Platz und huschten sofort wieder davon; es war einiges los, keine von uns hatte Zeit, überflüssige Sekunden an einem Tisch zu verweilen. Ich ging ebenfalls an diesen Tisch, stellte den Risotto zu der Dame mit dem Lammfilet und den Gratin zu dem Herrn mit dem Entrecôte. Noch bevor ich einen guten Appetit wünschen konnte, reklamierte dieser Herr: „Der Gratin ist falsch, ich bekomme Pommes frites."
Ich zuckte zusammen, und im Bruchteil einer Sekunde lief ein Film in meinem Kopf ab, begleitet von unzähligen Fragen. Hatte meine Kollegin die Bestellung falsch notiert? Konnte ich die Pommes nachbestellen? Wie würde die Küchenmannschaft reagieren? Wie lange würde das dauern, war die Friteuse eingeschaltet oder musste sie erst aufgeheizt werden? In diesem Fall könnte es zehn Minuten dauern, viel zu lange. Ein dummer Flüchtigkeitsfehler kann den Zeitplan der Küche komplett durcheinanderbringen. Zur Sicherheit fragte ich nach: „Haben Sie Pommes frites bestellt?". Der Gast musterte mich leicht gereizt und antwortete mit einem klaren „Ja!". Ich entschuldigte mich und ging zurück in die Küche, wo bereits wieder andere Hauptgänge auf der Wärmebrücke angerichtet wurden. Ich stellte den Gratin ebenfalls dort hin und wollte diese Angelegenheit zuerst mit der Mitarbeiterin klären, welche die Bestellung aufgenommen hatte. Unser Chef

fragte sogleich verärgert: „Was ist mit dem Gratin?"
„Der Gast habe Pommes bestellt", erklärte ich, worauf ich ein leises Fluchen hinter der Wärmebrücke zu hören glaubte. „Aber ich kläre es erst ab, unternehmt noch nichts!"
„Da kannst du warten, die Friteuse ist nicht eingeschaltet!", murmelte er kopfschüttelnd.
Wo war meine Kollegin? Wertvolle Sekunden gingen verloren. Ich ging nach vorne ins Restaurant, konnte sie aber nirgends finden, ging zurück in die Küche und traf sie an, wie sie soeben aus dem Keller mit einer Flasche Wein zurückkam. „Tisch zwanzig hat Pommes bestellt, nicht Gratin", klärte ich sie auf. Doch sie sah mich verdutzt an. „Nein, er hat nichts gesagt. Ich glaube nicht, dass er Pommes bestellt hat." Ich ging zur Kasse, suchte den Bestellzettel dieses Tisches und erkannte, dass sie bei der Bestellung nichts von Pommes frites aufgeschrieben hatte. So ging ich zurück zum Tisch und fragte nach: „Entschuldigung, haben Sie explizit Pommes frites bestellt anstelle des Gratins?"
Der Gast war nicht begeistert über diese Fragerei: „Nein! Das Entrecôte kommt mit Pommes frites!" Mit dieser Antwort hatte ich nicht gerechnet, denn seine Behauptung war falsch.
„Nein, das Entrecôte kommt mit Kartoffelgratin", erklärte ich.
„In der Karte steht aber Pommes frites!", behauptete er.
„Nein, es tut mir leid, in der Karte steht Kartoffelgratin."
„Bringen Sie mir die Karte!" Er wollte es mir beweisen.
Als ich ihm die Speisekarte reichte, war er sich noch immer sicher, dass er im Recht war.
„Tatsächlich, da steht ja Gratin", er gab mir die Karte zurück. „Das habe ich doch nicht gelesen!"
„Möchten Sie nun lieber Pommes frites?", fragte ich nach, „es würde einfach ein paar Minuten dauern."
„Nein, es ist egal, ich mag Kartoffelgratin genauso."
„Ach so. Dann guten Appetit."

Tipps für die erste Million

Annahme:

Viele Jahre haben Sie davon geträumt, Ihr eigenes Restaurant zu eröffnen. Nun haben Sie es geschafft, und der Laden ist angelaufen! Ihre Angestellten sind Profis ihres Fachs, der Küchenchef zwar ein wenig teuer, aber unverzichtbar, Ihre Lieblingsweine liegen im Keller, und das neu angeschaffte Mobiliar entspricht genau Ihren Vorstellungen. Das Geschäft läuft so gut, dass Sie bereits nach den ersten zwei Monaten Fr. 100'000.- Umsatz gemacht haben (das heisst: die Gäste haben für diesen Betrag konsumiert, Sie haben diesen Betrag eingenommen). Es ist fantastisch! Nun haben Sie so viel gearbeitet, dass Sie sich etwas gönnen möchten.

Frage: Was machen Sie mit dem Geld?

Bitte ankreuzen (nur eine Antwort ist richtig):

- ☐ Nichts. Ich warte noch zwei Jahre, dann bin ich Millionär!
- ☐ Ich mache eine Traumreise.
- ☐ Ich leiste mir den Ferrari Californa 4.3 V8 mit 460 PS für haargenau Fr. 100'000.-. Zwar ist es ein Occasionsmodell, aber das soll reichen für den Anfang.
- ☐ Ich warte ein Jahr und kaufe dann ein Haus.
- ☐ Ich kaufe eine kleine Privatinsel in der Karibik.
- ☐ Ich buche für Fr. 100'000.- ein Nachtessen mit einem ehemaligen US-Präsidenten.

- ☐ Ich kaufe zwei Kilogramm Gold.
- ☐ Ich bezahle die Löhne und Rechnungen und lege die restlichen Fr. 60'000.- auf die Seite.
- ☐ Ich bezahle die Löhne und Rechnungen und kaufe mir für Fr. 30'000.- einen günstigen, neuen Kleinwagen.
- ☐ Ich bezahle die Löhne und Rechnungen und kaufe mir für Fr. 2'000.- einen Occasion Smart fortwo pulse mit 121'000 km und 55 PS.
- ☐ Ich habe keine Ahnung.
- ☐ Ich kaufe nichts, ich erhöhe einfach ein wenig meinen Lebensstandard.
- ☐ Ich kaufe ein neues Cresta Fahrrad für Fr. 1'000.- und dazu ein Eis.
- ☐ Ich habe gemerkt, dass das Altglas und die Kartonsammlung viel mehr Platz benötigen, als ich gedacht habe. Ich kaufe mir deshalb für Fr. 500.- ein neues Regal für den Keller, das uns helfen sollte, besser Ordnung zu halten. Die anderen Fr. 500.- benötige ich für einen neuen Sonnenschirm, denn der erste ging bei einem Sommergewitter kaputt, und der Selbstbehalt der Versicherung beträgt exakt Fr. 500.-.

(*Lösung am Schluss des Textes.*)

In kaum einer anderen Branche gibt es so viele Wechsel wie in der Gastronomie. Gemäss dem Branchenspiegel 2019 von Gastro-Suisse haben sich im Jahr 2018 insgesamt 2318 Restaurants neu im Handelsregister eingetragen. Gleichzeitig sind jedoch 2273 Betriebe gelöscht worden (die Zahlen ähneln sich Jahr für Jahr). Nehmen wir einmal unter die Lupe, weshalb es so viele Neueröffnungen gibt, obwohl es eigentlich genug Restaurants gibt. Und fragen wir uns auch, warum so viele Menschen ein eigenes Restaurant eröffnen wollen.

Es gibt verschiedene Gründe:

- Man kocht gern und möchte endlich das Hobby zum Beruf machen.
- Man hat Koch gelernt und möchte sein eigener Herr und Meister sein.
- Man hat gern Besuch und wollte schon immer einmal Gastgeber sein.
- Man will schnell viel verdienen.
- Man kann sonst nichts.
- Man will sich einen Lebenstraum verwirklichen.
- Man hat mit dem ersten Betrieb Konkurs gemacht und eröffnet, auf den Namen der Cousine, einen neuen.
- Man hat eine grössere Schraube locker.
- Man kennt die Realität, liebt aber dummerweise den Beruf.

Was es braucht, um einen Gastrobetrieb erfolgreich zu führen, wird leider meistens schwer unterschätzt. Man stellt ein paar Tische und Stühle auf, und los geht's. Ein Konzept erachten viele als unnötig oder lästig, und mit einer solch trockenen Materie wie Zahlen wollen sich viele nicht zu detailliert auseinandersetzen. Womit wir auch bereits bei der Frage sind, weshalb so viele Betriebe jährlich schliessen. Um dies zu erklären, verwende ich folgendes Beispiel:

Zwei Personen gehen essen und bezahlen zum Schluss die Rechnung. Alle kennen den Hinweis, dass die 7.7% Mehrwertsteuer im Preis inbegriffen sind. Dass man sie aber auch abgeben muss, das vergisst leider der eine oder andere gern.

Rechnung   107.70
7.7 % Mehrwertsteuer   7.70
Netto-Umsatz   100.-

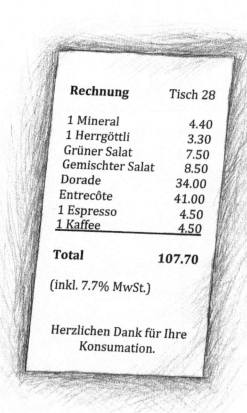

Netto-Umsatz am Tisch 28	100.-

Davon gehen weg:

Lebensmittel, Getränke (Warenaufwand 27–35%*)	31.-
Löhne (Lohnkosten 40–50 %**)	43.-
Diverse Rechnungen (Übriger Betriebsaufwand/ Unterhalt/Ersatz 15% ***)	15.-

Dazu gehören:
- Büro, Treuhänder
- Werbung, Dekorationen, Homepage
- Fahrzeug, EDV, Kasse
- Versicherungen
- Bewilligungen, Gebühren
- Entsorgung, Reinigung
- Nebenkosten (Energie, Wasser, Abwasser)

Miete des Lokals / Hypothekarzinsen	9.-
Abschreibungen (1 %)	1.-
Erfolg	**1.-**

* Der Warenaufwand ist bei wirtepatent.ch mit nur 27% berechnet. Diese Prozentzahl kann nur so tief gehalten werden durch sehr günstiges Einkaufen, ohne Rücksicht auf hohe Qualität, Regionalität oder biologische Erzeugnisse.

** Prozentzahlen der Personalkosten haben eine grosse Spannweite. Bei 40% oder weniger ist in der Regel kein Unternehmerlohn einberechnet. GastroSuisse geht bei den Lohnkosten allerdings sogar von 50.1% aus.

*** GastroSuisse geht gemäss dem Branchenspiegel 2019 sogar von 26.9% aus.

Glücklicherweise hat man einen bescheidenen Unternehmerlohn bei den Lohnkosten einberechnet, denn von diesem einen Franken kann man nicht leben, zumal darauf auch noch Steuern bezahlt werden müssen.

Wenn Sie das nicht glauben, so habe ich volles Verständnis. Sie sind nicht allein, auch viele Gastronomen wollen es nicht wahrhaben. Diese Zahlen kann aber jedermann bei GastroSuisse oder Gastroconsult anfordern und diversen anderen Dienstleistungsangeboten für Gastronomen entnehmen. (Die Kennzahlen für die obige Rechnung stammen von www.wirtepatent.ch.)

Von den gastgewerblichen Betrieben, die einen Unternehmerlohn auszahlen (im Schnitt 40'000.- pro voll mitarbeitendes Eigentümer- und Familienmitglied), arbeiten 65.3% mit Verlust.

Von denjenigen, die sich keinen Lohn ausbezahlen, sind es noch immer 24.1%. Das heisst, für überdurchschnittlich viele Gastronomen bedeutet ihr Beruf lediglich ein anstrengendes und sehr teures Vollzeithobby. Und als solches sieht es auch der eine oder andere, wie zum Beispiel die bemerkenswerten Fantasten, die sich nach erfolgreich überstandener Midlife-Crisis aus der Private-Banking-Szene zurückziehen, um in der Gastronomie einen „Lebenstraum" zu verwirklichen. Wie kann man auf solch eine Idee kommen, frage ich mich. Können sie plötzlich nicht mehr rechnen oder werden sie von der romantischen Vorstellung, den Gastgeber zu spielen und von allen geliebt zu werden, derart geblendet, dass sie sich blind in ein Abenteuer stürzen, das vom Lebenstraum zum Albtraum werden kann?

Wirte jammern gern, habe ich hie und da schon gehört. Ich jammere aber nicht, ich lege nur Fakten auf den Tisch und kläre auf. Man kann sich natürlich fragen, weshalb man denn überhaupt in der Gastronomie bleibt, wo doch nichts zu verdienen ist. Nun, ich will es Ihnen gerne verraten: Die meisten Gastronomen sind Idealisten, die ihren Beruf lieben, Freude an ihrem Betrieb, den Mitarbeitern und Gästen haben. Viele von ihnen ziehen eine berufliche Zufriedenheit dem Mammon vor, und das ist doch in der heutigen Zeit nicht selbstverständlich und äusserst lobenswert.

(Auflösung des Rätsels:
Die letzte Antwort ist richtig.)

Hatten Sie einen Schirm?

Gäste persönlich zu verabschieden und ihnen noch einmal für den Besuch zu danken, war mir immer wichtig. Sofern es irgendwie möglich war, versuchte ich, vor den Gästen an der Türe zu sein, um in ihren Gesichtern zu lesen, wie ihnen der Aufenthalt bei uns gefallen hatte. Meistens haben sie mir ihr Feedback auch gleich persönlich mitgeteilt, während wir ihnen in Jacke und Mantel halfen. „Auf Wiedersehen, es war wunderbar. Wie immer!" So etwas hörte ich natürlich am liebsten.

Darauf folgte für gewöhnlich das Thema Nummer eins: das Wetter. Kaum öffnete ich den Gästen die Türe, hörte ich sie zum Beispiel sagen: „Oh, es regnet." Wenn es zuvor schon geregnet hatte, sagten sie: „Oh, es regnet immer noch", oder „Oh, es regnet nicht mehr." Darauf folgte ohne Ausnahme der immer gleiche Kommentar der Begleitperson: „Er hat es gemeldet." Im Winter hörte ich: „Oh, es hat geschneit", oder „Es schneit immer noch" oder natürlich „Es schneit nicht mehr." Dem folgte die Antwort: „Es soll auch morgen schneien. Er hat es gemeldet." Immer wurde ich von den Gästen über die allgemeine Wetterlage auf dem Laufenden gehalten. Das wäre ziemlich praktisch gewesen, hätte es mich denn auch interessiert. Leider aber gehöre ich zu dem Typ Mensch, der einfach aus dem Fenster schaut und denkt: „Aha, es regnet." Dabei ändert sich rein gar nichts in meinem Leben, und es war mir bisher immer egal, ob „er" es zuvor gemeldet hatte oder nicht. Wer ist „er" überhaupt? Egal, ob man die Wetterprognose, von einer unbekannten Person geschrieben, in der Zeitung las, auf dem Handy in Form von Piktogrammen registrierte oder der unverständlichen Vorhersage einer eifrigen Wetterfee am Fernsehen entnahm, „er" hat es gemeldet. Da musste irgendwo ein geheimer Wetterprophet eine ungeheure Macht besitzen, denn er allein war verantwortlich für all die Wetterweisheiten und Prophezeiungen, denen ich täglich an unserer Türe ausgesetzt war. Vielleicht war es Petrus persönlich, der global die anstehenden Wetterkapriolen verkündete? Die Gäste, die immer von ihm sprachen, müssten es eigentlich wissen, doch habe ich es verpasst, sie danach zu fragen. Hätte ich denn einmal seine Bekanntschaft gemacht, so hätte ich ihn gern gefragt, ob er auch dafür verantwortlich war, dass fast jedes Gewitter rechts und links an unserem Städtchen vorbeizog. Denn in solchen Situationen waren die Gäste besonders aktiv im Spekulieren: „Oh, ein Gewitter zieht auf." – „Ob es auch wirklich kommt?" – „Das kommt sicher!" – „Vielleicht zieht es vorbei." – „Vielleicht kommt es nicht." – „Vielleicht kommt es doch. Denn er hat es gemeldet."

Ich konnte, beim Eingang wartend, noch viele andere interessante Beobachtungen machen. So war ich immer informiert über die neusten Outdoor-Modetrends. Die Jacken wurden kurz, dann lang, dann wieder kurz. Lederjacken verschwanden, Trenchcoats blieben. Dann begann man, „Duvets" zu tragen, zuerst dünne, dann immer dickere mit Kapuze. Dann bekamen die Kapuzen wieder einen Pelzrand, und die Jacken wurden so gross, dass man problemlos in der Arktis eine Woche hätte überleben können. Dabei hätten einige Kapuzen locker als Schlafsack hergehalten. Dann gab es die Damenjacken, die so ausgefallen geschnitten waren, dass man nie wusste, was oben und was unten war. Viele Frauen waren oft überzeugt, dass ihre Jacke gestohlen worden war, bevor sie überhaupt danach schauten. Dafür wussten die Männer meistens nicht, welche Jacke sie dabeihatten oder wie sie überhaupt aussah. Aber sie waren sehr schnell im Anziehen: Jacke überstreifen, fertig. Warten. Frauen hingegen mussten erst den Schal umlegen und die Haare an den richtigen Ort zupfen. Dann die Bluse an der Manschette halten, damit sie beim In-den-Mantel-Schlüpfen nicht hochrutschen konnte, und dann wurde noch konzentriert Knopf für Knopf geschlossen. Vielleicht gab es noch einen Gürtel, den man vorsichtig im richtigen Löchlein verschliessen musste, aber natürlich, ohne dass er ungeschickterweise verdreht war. Dann die Tasche umhängen, ohne dass der Mantel einen Falz bekam, und noch einmal die Haare zurechtlegen, um gleich darauf an der offenen Türe sagen zu müssen: „Oh, es windet."

Vor ein paar Jahren, als im Winter tatsächlich viel Schnee auf der Strasse lag, wartete ich darauf, ein paar elegante Gäste zu verabschieden. Die eine Dame, die beeindruckende High Heels trug, zog aus ihrer Tasche eine Plastiktüte und erklärte, sie müsse nur noch ihre Winterstiefel anziehen. Das war doch eine gute Idee, dachte ich mir, denn mit diesen hohen Absätzen wäre ein Spaziergang im Schnee lebensgefährlich gewesen. Als sie kurz darauf wieder bei mir an der Türe stand, war ich allerdings überrascht. Ihre Stiefel waren bestimmt wärmer als die anderen Schuhe, denn sie reichten bis zu den Knien, die Absätze aber, die waren genauso hoch.

„Hatten Sie noch einen Schirm?", fragten wir fast immer bei regnerischem Wetter. „Nein, ich glaube nicht." Und doch blieben am Ende des Abends Schirme liegen. Vielleicht sollten wir zusätzlich eine Occasion-Schirmhandlung eröffnen, es wäre eine ideale Symbiose mit einer viel besseren Marge.

„Auf Wiedersehen, vielen Dank und ein schönes Wochenende." Ich weiss nicht, wie oft ich diesen Satz bereits gesagt habe, wie vielen Menschen ich einen schönen Tag oder Abend gewünscht habe. Ich wünschte manchmal aus reiner Gewohnheit ein schönes Wochenende, auch wenn erst Dienstag war.

Die Verabschiedungen wurden zum Monolog, wenn eine Gruppe von fünfzig Gästen auf einmal das Lokal verliess: „Auf Wiedersehen, vielen Dank, schönes Wochenende, auf Wiedersehen, kommen Sie gut heim, besten Dank, auf Wiedersehen, Adiöö, Ihnen auch, danke schön, ja gern, würde mich freuen, hatten Sie nicht einen Schirm? Da hinten sind die Schirme, vielen Dank, auf Wiedersehen und ein schönes Wochenende, ich danke Ihnen, danke, das freut mich, ich werde es gerne weiterleiten, auf Wiedersehen, tschüss, danke für den Besuch, auf Wiedersehen, tschüss, danke schön, auf Wiedersehen, schönes Wochenende, danke, ich werde es der Küche ausrichten, finden Sie ihn nicht? Ihnen auch, danke, auf Wiedersehen, vielen Dank und auch ein schönes Wochenende, alle Schirme sollten dort im Schirmständer sein, kommen Sie gut heim, auf Wiedersehen, einen schönen Abend noch, ich werde es gern sagen, auf Wiedersehen, gern geschehen, Ihnen auch, vielen Dank und auf Wiedersehen, schönes Wochenende, danke für Ihren Besuch, haben Sie ihn gefunden? Herzlichen Dank und ein schönes Wochenende, ach, es ist nicht Ihr Schirm, auf Wiedersehen, das würde mich freuen, herzlichen Dank, auf Wiedersehen, ich will es gern sagen, danke schön, tschüss und gute Heimfahrt, auf Wiedersehen, haben Sie nun den richtigen? Das ist toll, danke, Ihnen auch, danke, Ihnen auch, auf Wiedersehen, das freut mich sehr, vielen Dank, auf Wiedersehen!"

Vielleicht sagte von der Gruppe noch jemand: „So, wir gehen endlich, jetzt haben Sie Feierabend!" Natürlich, beinahe. Zuerst mussten aber von den fünfzig Personen noch fünfzig Weingläser, fünfzig Wassergläser und mindestens dreissig Kaffeetassen abgeräumt und abgewaschen und danach alles mit frischer Tischwäsche wieder aufgedeckt werden. Tische und Stühle mussten zurechtgerückt, Kerzen ausgewechselt und vieles mehr erledigt werden. Während der Aufräumarbeiten hallten die Stimmen der Gäste noch nach, und doch waren alle Spuren verwischt, als wäre nie was gewesen.

Währenddessen bereiteten sich bereits die neuen Gäste auf den Besuch bei uns vor, freuten sich vielleicht darauf, schauten in den Spiegel, machten sich hübsch und zogen was Nettes an. Und manchmal kam während der Aufräumarbeiten ein Gast zurück, um zu sagen: „Entschuldigung, ich hatte vorhin doch einen Schirm dabei."

Die Stille des Nichts

In all den Jahren füllte sich das Lokal Tag für Tag aufs Neue, und nur wenn die Türe geschlossen blieb, konnte sich das Gemäuer in einer trügerischen Stille ein wenig ausruhen. Einer Stille, die nur ab und zu durch das Geklapper herabfallender Eiswürfel in der Eismaschine unterbrochen wurde. Je lauter und lebhafter der Abend zuvor gewesen war, desto eindrücklicher war danach die Ruhe.

Manchmal setzte ich mich spät nachts allein im Halbdunkel an einen Tisch und lauschte aufmerksam dem Nichts, das plötzlich da war. Diese raren Momente waren magisch. Was war dieses Nichts, das mich so in seinen Bann zog? Denn jetzt, wo alle Gäste weg und die Räume leer waren, empfand ich meine Umgebung als mindestens so voll wie zuvor. Die Atmosphäre noch immer getränkt mit der Lebensfreude unserer Gäste, die Räume voller Bilder der Szenen, die sich abgespielt hatten, mein Kopf voller Stimmen von Menschen, die längst wieder zu Hause waren. Doch da war noch mehr in diesem Nichts. Von den schattigen Tischen und Stühlen, die da stumm und still standen, fast teilnahmslos, als hätte das Ganze hier gar nichts mit ihnen zu tun, ging ein geduldiges Warten aus. Ein Warten auf ihren nächsten Einsatz, für den sie bestimmt waren; was dazwischen lag, schienen sie gleichgültig über sich ergehen zu lassen. Es war mir fast, als seufzten die Räume Wehmut in die Nacht, sehnsüchtig wartend auf den neuen Tag, der bald kommen möchte. In solchen Nächten, wenn auch das Licht des mächtigen Kronleuchters aus war und dem Haus eine Nachtruhe auferlegte, schien es mir manchmal, als würden die Räume jeden Lichtstrahl der Strassenlaternen gierig durch die grosse Fensterfront hineinziehen, wie ein Kind, das noch nicht schlafen wollte. Auch jedes Lachen von nach Hause ziehenden Menschengruppen schien willkommen zu sein und drang durch die Fenster in die wartenden Räume. Manchmal fuhr ein Auto vorbei und liess durch die Lichtkegel seiner Scheinwerfer lautlose Schatten von Bäumen und deren Blättern im Wind durch die Räume tanzen, die Schatten der Säulen tanzten mit, wurden lang, verkürzten sich und lösten sich danach im Dunkeln wieder auf.

Was hatten diese Räume nicht schon alles erlebt in den vergangenen 120 Jahren? Wurden sie denn nie müde? Gern würde ich ihren Geschichten lauschen, mich von ihren Erzählungen durch die Zeit tragen lassen, als stille Beobachterin der Menschen, die das Städtchen formten. Schon in den bescheidenen Jahren unseres Wirkens ist viel geschehen. Strassen wurden gebaut, neue Quartiere erschlossen, und die Autos, die vor hundert Jahren Kutschen verdrängt hatten, wurden nun selber aus der Innenstadt verbannt. Die Geschichte ist eben nie zu Ende und dreht sich immer weiter. Geschäfte wurden geschlossen, Firmen und Vereine neu gegründet. Vieles ist auch einfach unverändert geblieben. Die Gelassenheit und Gemütlichkeit der Menschen, deren Mut, selber etwas auf die Beine zu stellen, die Bescheidenheit, dabei nicht übermütig zu werden, und das Bedürfnis, die schönen Perlen zu verstecken, damit sie niemand findet. Sogar das Kirchengeläut hört man noch immer meilenweit. Und wenn man ganz nah ist, dann erfährt man sogar, wie laut es an einem Konzert nicht sein darf. Sonntags nach der Kirche geht man nun nicht mehr in das schöne Haus, denn dann hat es geschlossen. Rauchen darf man zum Glück auch nicht mehr in seinen Räumen, die Bierfässer heissen zwar noch so, sind aber reine Chromstahltanks und nicht mehr aus Holz, und unsere jüngsten Gäste wissen weder, was Bakelit war, noch, was ein Küfer fabrizierte. Dafür wird jetzt wieder Bart getragen, und lange, knöcheldeckende Röcke sind in Mode. Und der nächste Trend steht bereits vor der Tür.

Trend hin oder her, das schöne Haus gibt es noch immer und wird es immer geben. Hie und da gibt es eine Veränderung, doch der Geist des Hauses lebt weiter in den luftigen, hohen Räumen und dem Charme seiner Menschen. Und die Mauern werden nachts weiter geduldig sein müssen, während sie sich nach dem Leben sehnen und darauf warten, dem Geplauder der vielen Gäste wieder lauschen zu dürfen. Bis endlich die Morgendämmerung ihre Schatten erlöst und die Lieferanten mit den ersten Sonnenstrahlen frisches Gemüse oder Fisch bringen.

Dann füllt sich bald das schöne Haus von Neuem mit diesen vielen gut gelaunten Menschen, die plaudern und lachen, als gäbe es kein Morgen. Die Eiswürfel für die nächsten Drinks wurden schon geformt, als es noch dunkel und still war. Und im Schirmständer warten stets Schirme darauf, mitgenommen oder verschenkt zu werden. Die Arbeit ist anstrengend und hart. Manchmal gibt es aussergewöhnliche Situationen, schwierige Gäste oder unangenehme Überraschungen. Doch es ist in Ordnung, sie gehören genauso dazu wie die schönen Erlebnisse. Das Leben wird von Geschichten in bunten Farben geschrieben, in allen Schattierungen.

Und wenn manchmal ein anstrengender Tag voller Eindrücke und Erlebnisse zu Ende geht und meine Gedanken nach ein paar Runden in der magischen Ruhe zu einem Schluss finden, so stehe ich auf, verabschiede mich ebenfalls stumm vom schweigenden Gemäuer und trete mit müden Beinen in die Nacht hinaus.

Und da begrüsst mich die frische Luft mit wohltuendem Schokoladenduft. Ist das nicht herrlich?

Des Rätsels Lösung

Sie haben im Buch ein Zettelchen gefunden?

Ja, das ist ein Original und ein wahrer Zeitzeuge unseres Restaurants. Eine echte Bestellung, vielleicht in Zeitnot hektisch hingekritzelt, vielleicht aber auch geduldig und präzise notiert, sicher können Sie das erahnen, wenn Sie es genau betrachten. Jedes Buch hat ein kleines Original beigelegt bekommen, keines gibt es zweimal.

Wenn wir die Menus oder die Weinkarte erneuern, dann werfen wir das Papier der alten Menus nicht einfach weg, sondern schneiden daraus Notizzettel. Mit diesen gehen wir dann an die Tische, um die Bestellungen der Gäste aufzunehmen.

Man sollte am Tisch möglichst wenig schreiben, denn man befindet sich im Gespräch mit dem Gast. Deshalb hat jedes Gericht eine Abkürzung, die vom ganzen Team verstanden wird, dazu kommen Abkürzungen für die Garstufen des Fleisches, für die Beilagen, für Spezialwünsche oder Allergien. Eine allfällige Wellenlinie auf der Seite lässt die anderen Service-Kolleginnen erkennen, auf welcher Seite des jeweiligen Tisches man bei der Bestellung gestanden hat. Das hilft der Orientierung, so weiss immer jeder, welcher Gast was bestellt hat, und muss nie nachfragen. Die farbigen Kreise und Striche wiederum haben eine logistische Bedeutung. Daran erkennen wir, wo sich die Gäste im zeitlichen Ablauf gerade befinden.

Die Bestellungen in der Küche sehen wieder anders aus und haben ganz andere Regeln und Abkürzungen. Die Zettel, die Sie gefunden haben, dienen nur der Kommunikation und Koordination im Service-Bereich.

Hinter jeder dieser Bestellungen steckt eine Geschichte von Menschen, die bei uns Zeit miteinander verbracht haben. Womöglich hatten sie schon lange diesen Termin reserviert, freuten sich auf dieses Zusammentreffen, führten gute Gespräche, haben gelacht und erzählt, vielleicht sogar etwas gefeiert. Am Ende des Abends habe ich diese Bestellungen jeweils gesammelt und nach Hause genommen. Denn ich wusste, irgendwann würde ich sie in mein Geschichtenbuch einbauen und dabei vielleicht den einen oder anderen Leser überraschen.

Ich hoffe, das ist mir gelungen.

Danke

(Die Reihenfolge entspricht nicht der Grösse meiner Dankbarkeit. Ich bin so vielen Menschen gleichermassen dankbar, da müsste ich sie auf eine Linie stellen. Die Reihenfolge ist demnach rein zufällig gewählt.)

A+L: Sie mussten immer meinen Erzählungen zuhören und hatten trotzdem für jede noch so abstruse Situation Verständnis. Sie gaben mir ab und zu sogar den weisen Rat, ein wenig im Wald spazieren zu gehen.

W: Danke für die Geduld und die Unterstützung bei allem, was unseren Weg kreuzt. Fürs Lesen und Kritisieren. Für die Titel und die wunderbaren Bilder. Danke für den nüchternen Blick auf die Welt, für die Ideen, die Energie, Neues zu schaffen, und dafür, dass wir dieselbe Sprache sprechen.

Meine Familie: Der Start wäre ohne sie so nicht möglich gewesen, sie waren immer zur Stelle, wenn Not am Mann war, und das war es sehr oft. Auch ihr Leben wurde mit der Eröffnung unseres Restaurants umgekrempelt, ob sie wollten oder nicht. Die Dankbarkeit ist nicht messbar.

„Cheeef": Ohne ihn würde es die besten Kinder, diesen Betrieb und somit dieses Buch nicht geben. Er ist der leidenschaftlichste Koch in Westeuropa, ein schneller Denker und Rechner und ein seriöser Geschäftspartner. Ein Hoch auf „mach ich auch noch"!

Unsere Crew: Das beste Team, was will man mehr. Ich danke ihnen dafür, dass sie bei einem längeren Ausfall meinerseits den Karren weiterzogen, immer da sind, alles erledigen, an alles denken und mich immer fragen, ob ich mein Handy und die Schlüssel dabeihätte.

Danke, V., für die Geduld, das Verständnis, das Übernehmen aller Pendenzen, für das Interesse und den unglaublichen Einsatz.

Danke, M., für die Treue, den selbstlosen Einsatz, die Professionalität und die Nachhilfe in Schweizer Geografie.

Danke, N., für die Spontaneität, den Humor und den Beweis, dass man alles schaffen kann, wenn man will.

Danke, M., für den Einsatz im Versteckten, fürs Mitdenken und dafür, dass du immer da bist, wenn man dich braucht.

Danke, T., für die die Ruhe, den Humor und das gute Curry.

Danke, S., für die Treue und den stets laufenden Motor.

Danke, R., für das Durchhaltevermögen und die besten Witze der Küche.

Danke, V., für die Ruhe, das Lachen und die Freundlichkeit.

Danke, B., für den Mut, in die Gastronomie einzusteigen.

Danke, L.M., für die Arbeit im Verborgenen.

Unsere Gäste: Wir haben die besten Gäste der Welt. Ich habe es immer behauptet, und jedes Teammitglied konnte diese absurd anmutende Behauptung früher oder später bestätigen. Viele haben einen Platz in meinem Herzen gefunden und werden dort immer bleiben.

Des Weiteren danke ich:
- Norbert Hauser für den scharfen Blick und die guten Einwände.
- Dr. Reto Paganoni für interessante Informationen.
- Pino Aschwanden für den Motivationsschub.
- Peter Baumann für gute Ratschläge.
- Der Stiftung Arkadis für die Kooperation.

BÜCHER AUS DEM VERLAG
Kobold Books

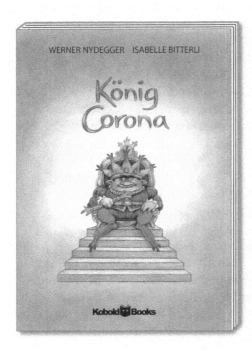

Das königliche Kinderbuch

Geschichte: Isabelle Bitterli
Zeichnungen: Werner Nydegger

König Corona

Hardcover
32 Seiten
Format 21,5 x 30,3 cm
Fr. 26.-

ISBN 978-3-9525235-4-4

Es gab einmal ein König namens Corona, der war so klein, dass ihn niemand jemals gesehen hatte. Das ärgerte ihn sehr, denn er wollte berühmt sein und in den Zeitungen erscheinen. So schickte er seine Soldaten in die Welt hinaus...

Das spannende Kinder-Erklärbuch zum Thema Corona und Lockdown.
Auch für grosse Kinder.

www.kobold-books.ch   info@kobold-books.ch

Das Buch für Mutige

Werner Nydegger

**TURMFRISUREN IM
AFFENTHEATER**
Schräge Geschichten
und Cartoons

Hardcover
228 Seiten
Format 15 x 21,5 cm
Fr. 27.-

ISBN 978-3-9525235-1-3

Der Satireroman zum Schreien

Werner Nydegger

WILLI BARTH
Eine hanebüchene, himmeltraurige,
herzergreifende Liebeshorror-Geschichte

Hardcover
280 Seiten
Format 15 x 21,5 cm
mit 35 s/w Illustrationen von Werner Nydegger
Fr. 29.50

ISBN 978-3-9525235-2-0

1. Auflage März 2020
2. Auflage Jui 2020
© Isabelle Bitterli
© 2020 Kobold Books, CH-4600 Olten
Lektorat: www.ihrlektorat.ch

Buchumschlag und Illustrationen:
© 2020 Werner Nydegger, CH-4600 Olten
Situationspläne: Isabelle Bitterli

FSC Mix: GFA-COC-001223
Printed in Germany

ISBN 978-3-9525235-0-6
www.kobold-books.ch